향기로 기억하는 세계 도시 40선

도시 인문학 강의

향기篇 강경아 지음

도시 인문학 강의 향기篇

발 행 일	2025년 9월 5일
지 은 이	강경아
편 집	권 혁
디 자 인	김현순
발 행 인	권경민
발 행 처	한국지식문화원

출판등록	제 2021-000105호 (2021년 05월 25일)
주 소	서울시 서초구 서운로13 중앙로얄빌딩 B126
대표전화	0507-1467-7884
홈페이지	http://www.kcbooks.org
이 메 일	admin@kcbooks.org
ISBN	979-11-7190-144-9

ⓒ 한국지식문화원 2025
본 책 내용의 전부 또는 일부를 재사용하려면
반드시 저작권자의 동의를 받으셔야 합니다.

"향기는 기억의 가장 오래된 언어
향기로 만나는 시간·공간·문화의 서사"

향기로 기억하는 세계 도시 40선

도시 인문학 강의

향기篇 강경아 지음

프롤로그

도시를 기억하는 또 하나의 감각, 향기

　우리는 도시를 어떻게 기억할까요?
　누군가는 거리의 소음과 풍경을 떠올리고, 누군가는 사람들과의 만남을 회상합니다. 그러나 제게 도시란, 무엇보다도 '향기로 남는 장소'입니다.
　파리의 오래된 서점에서 풍기던 오래된 책의 냄새, 로마 골목길의 올리브 향, 교토 정원의 향기까지…. 그 모든 향기는 제 마음속에서 도시의 이미지를 만들어주었습니다. 그래서 이 책은 도시를 향기로 읽는 인문학적 여정이자, 감각의 언어로 쓴 후각의 지도입니다.
　『도시인문학 향기편』은 전 세계 40개의 도시를 향기라는 감각을 통해 바라보는 시도입니다. 도시마다 스며 있는 향기에는 그곳의 기후와 식생, 역사와 문화가 있습니다. 그것은 도시의 감정이자 정체성이고, 우리가 느끼는 '도시의 분위기'를 이루는 보이지 않는 언어입니다.

향기를 연구하는 인문학자로서 이 책을 통해 감각과 기억, 도시와 인간의 관계를 새롭게 들여다보고자 했습니다. 도시를 구성하는 향기의 결을 따라가다 보면, 우리는 그 도시를 살아가는 사람들의 삶과 내면을 더 깊이 이해하게 됩니다.

향기는 이성과 감성을 넘어서는 감각입니다.
보이지 않지만 강하게 존재하는 향기처럼, 도시는 우리의 기억 속에서 조용히, 그러나 뚜렷하게 살아 있습니다. 이 책이 여러분에게도 그 기억의 문을 여는 열쇠가 되기를 바랍니다.

2025년 가을
강경아
도시향기인문학자

TABLE OF CONENTS

1부. 문명의 향기, 유럽에서 피어난 시간의 기억
Europe
Where Civilization and Fragrance Converge

1. 파리 (프랑스) 12
2. 런던 (영국) 16
3. 베를린 (독일) 20
4. 프라하 (체코) 24
5. 바르셀로나 (스페인) 28
6. 로마 (이탈리아) 32
7. 암스테르담 (네덜란드) 36
8. 비엔나 (오스트리아) 40

2부. 경계 위의 향기, 지중해와 북유럽의 감성
Between Empires and Fjords
The Fragrance of Transition

9. 브뤼셀 (벨기에) 46
10. 부다페스트 (헝가리 50)
11. 이스탄불 (튀르키예) 54
12. 리스본 (포르투갈) 58
13. 잘츠부르크 (오스트리아) 62
14. 코펜하겐 (덴마크) 66
15. 스톡홀름 (스웨덴) 70
16. 오슬로 (노르웨이) 74

3부. 향기 속의 동양, 전통과 현대의 교차점

Asia

Tradition Blended with the Scent of Change

17. 도쿄 (일본) 80
18. 교토 (일본) 84
19. 방콕 (태국) 88
20. 하노이 (베트남) 92
21. 홍콩 (중국) 96
22. 상하이 (중국) 100
23. 싱가포르 104
24. 제주 (대한민국) 108

4부. 자유의 향기, 미주와 오세아니아의 감정 해방

The Scent of Expansion

Freedom, Diversity, and Dream

25. 뉴욕 (미국) 114
26. 시카고 (미국) 118
27. LA (미국) 122
28. 밴쿠버 (캐나다) 126
29. 부에노스아이레스 (아르헨티나) 130
30. 멕시코시티 (멕시코) 134
31. 시드니 (호주) 138
32. 호놀룰루 (미국/하와이) 142

5부. 문명의 기원과 향기의 철학
Origins of Civilization
Fragrance as Memory and Ritual

33. 카이로 (이집트) 148
34. 두바이 (아랍에미리트) 152
35. 예루살렘 (이스라엘) 156
36. 마라케시 (모로코) 160
37. 헬싱키 (핀란드) 164
38. 서울 (대한민국) 168
39. 리마 (페루) 172
40. 나이로비 (케냐) 176

1부.

문명의 향기, 유럽에서 피어난 시간의 기억

Europe
Where Civilization and
Fragrance Converge

1. 파리
문화·예술·철학의 향기가 피어나는 도시

 파리는 향기 그 자체다. 이 도시의 공기와 사유, 정서와 존재가 향기를 품고 있기 때문이다. 우리가 파리를 기억할 때, 눈에 먼저 그려지는 것은 에펠탑이나 루브르의 유리 피라미드일지 몰라도, 가슴속에 오래 남는 것은 언제나 향기다. 바람결에 실려 오는 장미향, 세느강 향기와 고풍스러운 건물의 냄새, 카페에서 풍겨오는 커피향기, 그리고 오래된 책방에서 피어나는 종이와 잉크의 냄새. 파리는 '향기로 기억되는 도시' 그 자체다.

이 도시를 걷다 보면, 향기는 시각보다 더 깊은 인상을 남긴다. 마치 연인의 잔향처럼, 파리는 당신이 떠난 뒤에도 그 향기로 당신을 사로잡는다. 철학자 사르트르와 보부아르가 앉았던 카페 드 플로르의 의자에는 아직도 실존주의의 숨결이 배어 있고, 그들이 마시던 커피잔 주변에는 삶과 죽음, 자유와 선택에 대한 수많은 사유가 함께 스며들어 있다.

파리의 향기는 실존 철학의 냄새다. 도시가 살아 있는 동안 끊임없이 재생되는 감정의 언어다. 파리는 우리에게 존재의 의미를 묻는다. "너는 왜 살아 있는가?", "너의 자유는 어떤 향기를 말하는가?", "고독은 장미 향처럼 아름다울 수 있는가?" 파리는 우리에게 이 질문들을 향기로 건넨다. 그 향기는 머스크와 아이리스, 그리고 글씨가 번진 잉크에서 피어난다.

이 도시에서는 향기가 계급이기도 했다. 루이 14세는 향수를 정치의 도구로 사용했다. 베르사유 궁전은 시각적으로도 화려했지만, 더 근본적으로는 '왕의 향기'를 퍼뜨리는 공간이었다. 루이 14세는 정원을 설계할 때 장미와 라벤더, 베르가못과 아이리스를 정교하게 배치했고, 그 향을 통해 권력을 시각이 아닌 후각으로도 각인시켰다. 마리 앙투아네트는 쁘띠 트리아농에서 자신만의 향기 정원을 가꾸었다. 그녀의 향기는 정치적 메시지보다는 감성적 존재감을 담았다. 그녀가 선택한 향기 라일락, 바이올렛, 화이트 플로럴은 단절과 도피, 동시에 여성성의 고요한 선언이었다.

파리의 서점에서 나는 향기는 철학, 문학, 예술, 역사의 파편들이 얽힌 지성의 향이다. 셰익스피어 앤 컴퍼니 같은 책방에 들어서면, '시간의 향기'가 들이마셔진다. 책은 이곳에서 살아 숨 쉬며, 과거와 현재를 향기로 연결한다. 보들레르의 시는 라벤더와 향수병의

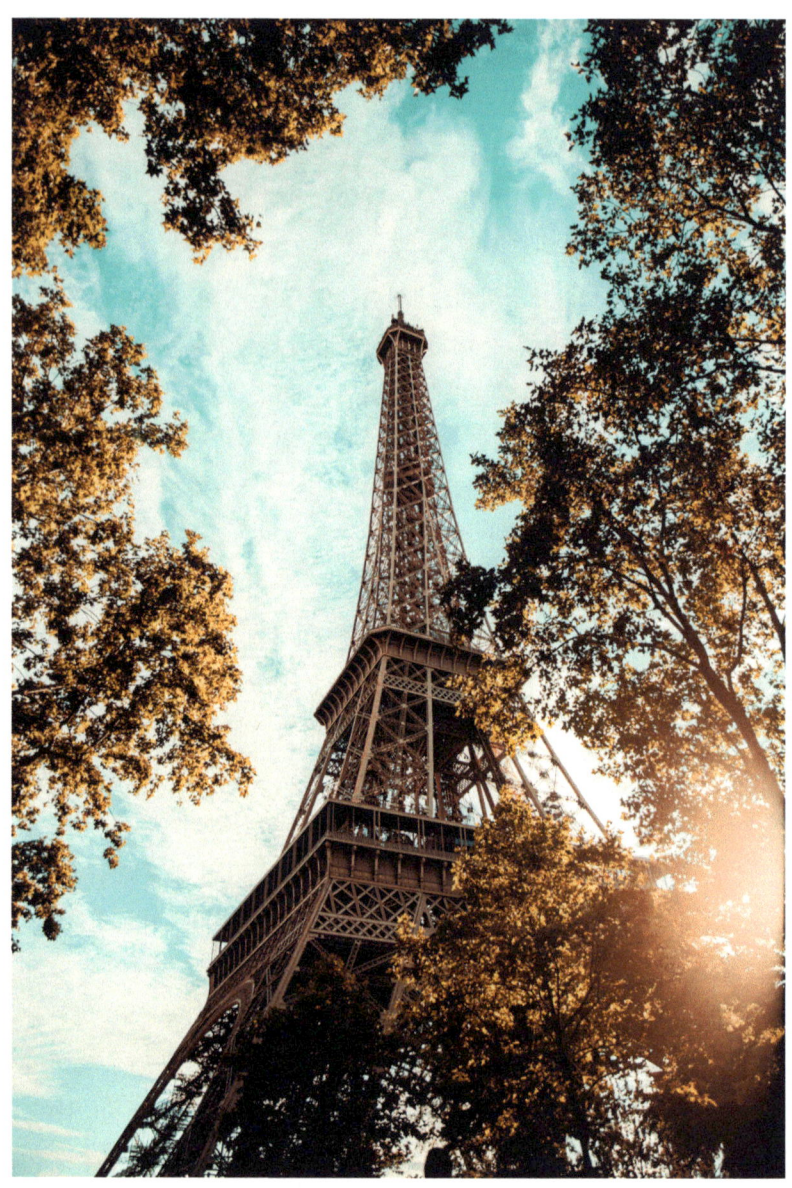

향기를 닮았고, 프루스트의 마들렌은 향기라는 키워드 없이는 감정의 회귀를 설명할 수 없다. 그가 말한 '잃어버린 시간을 찾아서'는 곧 '사라진 향기를 되찾는 여정'이기도 하다.

파리는 향기를 소비하는 도시가 아니다. 향기를 '창조'하는 도시다. 향수의 메카 '그라스(Grasse)'에서 공급된 수많은 에센셜 오일이 이 도시에서 사유와 미학으로 조향 되며, 하나의 문화 코드로 발전했다. 샤넬 No.5는 단지 향수라기보다는, 여성이 스스로를 정의하고 선언할 수 있는 후각적 정체성이었다. 그 철학은 파리의 사상가, 예술가, 디자이너들의 정신과 맞닿아 있다.

에펠탑 아래를 지날 때 풍겨오는 강철 냄새조차도, 이 도시에선 향기가 된다. 기차역의 기름 냄새, 빵집의 버터향, 노천시장 과일의 달콤함, 지하철 통로의 습기까지. 이 도시의 향기는 사소한 일상의 감정들을 예술로 승화시킨다. 그것은 아무도 눈치채지 못한 날에도, 당신의 옆을 스쳐 지나가며 존재의 의미를 되묻는다.

향기는 파리에서 얻어다. 사랑이 떠난 자리에는 그 사람의 향기가 남듯이, 파리는 수많은 사랑과 이별, 혁명과 회상, 우아함과 외로움의 향기로 우리 내면을 사로잡는다. 당신이 떠난 뒤에도 파리는 향기로 당신을 불러낼 것이다.

2. 런던
홍차의 향,
절제된 감정의 도시

 런던은 향기로 절제를 말하는 도시다. 파리가 감정의 향기를 화려하게 연주한다면, 런던은 그것을 침묵 속에서 증류한다. 비가 자주 내리는 도시, 젖은 돌바닥과 오래된 건물 사이로 스며드는 냄새는 단지 날씨의 산물이라기보다는, 런던의 정서 그 자체다. 이곳의 향기는 말없이 오래 머무는 감정이며, 드러나지 않지만 결코 사라지지 않는 잔향이다.

런던의 공기에는 젖은 석재, 오래된 나무 가구, 벽난로의 그을음, 홍차, 파우더리한 향수가 미묘하게 얽혀 있다. 이 도시의 후각은 절제된 감정과 연결되어 있다. 사랑을 말할 때조차 격정을 앞세우지 않고, 고독을 드러낼 때조차 연민에 기대지 않는다. 런던의 향기는 '말하지 않음'으로써 전달되는 감정의 정수이며, 그것은 철학적 내면성과도 맞닿아 있다.

빅벤의 종소리가 울려 퍼질 때, 사람들은 시간을 듣는다. 그러나 향기인문학자는 그 속에서 '시간이 남긴 향기'를 맡는다. 런던의 향기는 항상 어떤 과거를 불러온다. 셜록 홈즈의 베이커 스트리트에는 파이프 담배 냄새와 낡은 책장, 그리고 안개 속에 사라진 미스터리의 기운이 있다. 역사란 텍스트가 아니라, 후각의 기억으로서 존재한다. 런던은 이런 감정적 잔향을 품고 있는 도시다.

이 도시에서는 '홍차'조차 향기 철학이 된다. 차의 향기는 계급의 코드이자 삶의 태도이다. 잉글리시 브렉퍼스트의 묵직한 탄닌향, 얼그레이의 베르가못 노트는 단순한 음료가 아닌 정서적 언어다. 하루에 몇 번이고 차를 마시며 마음을 다듬는 이 도시 사람들에게, 향기는 감정의 조절 장치이자 사회적 윤리이기도 하다. 그들은 향기로 흥분을 다스리고, 절제된 감정의 틀 안에서 관계를 조율한다.

향수 문화 역시 런던의 특징이다. 조 말론(Jo Malone)이나 펜할리곤스(Penhaligon's) 같은 브랜드는 향기마저도 클래식하게 다룬다. 그들은 감정의 향기를 과시하지 않는다. 대신 안개처럼 퍼지고, 도서관처럼 조용하며, 앤티크한 가죽 제본 냄새처럼 지적인 감정을 불러일으킨다. 런던의 향수는 향으로 자신을 드러내는 것이 아니라, 향으로 타인의 경계를 존중하는 방식이다.

또한 런던은 이민과 문화의 섞임을 품은 도시다. 아프리카의 향신료, 인도 커리의 향, 중동의 바자르 향까지. 런던의 시장은 세계 향기의 축소판이다. 그러나 그 모든 향이 이 도시에 스며들며 '런던스러운 절제'로 다시 증류된다. 이 도시는 무질서 속에서도 향의 경계를 유지하고, 다문화의 충돌 속에서도 감정의 단아함을 잃지 않는다.

런던의 향기는 어떤 의미에서 '냄새 없는 향기'다. 그것은 인위적으로 향을 남기지 않으면서도, 사라지지 않고 오래 머무는 방식이다. 낡은 극장의 무대 커튼 냄새, 도서관 책장 깊숙한 곳의 종이 향, 새벽의 안개 속을 걷는 사람들의 옷자락에서 피어나는 머스크 향. 이 모든 것은 향기를 넘어선 감정의 풍경이 된다.

문학에서도 런던은 향기로 기억된다. 버지니아 울프의 소설은 런던 거리의 냄새를 감정의 문장으로 풀어냈고, 찰스 디킨스의 소설은 산업과 빈곤, 증기와 삶의 체취를 향기로 저장했다. 런던을 읽는다는 것은, 곧 향기를 읽는 일이다.

당신이 이 도시를 다녀갔다면, 향기가 아닌 당신의 침묵이 이 거리에 남았을 것이다. 그리고 언젠가 다시 이 도시를 떠올릴 때, 떠오를 것은 건축도, 강도 아닌, 비 오는 날의 추억의 감성일 것이다.

3. 베를린
금속과 스모크,
상처와 재건의 향기

　베를린은 향기로 기억되는 도시 중 가장 격렬한 감정을 품고 있다. 이 도시는 분열과 통합, 상처와 재생, 억압과 자유라는 극단적인 감정들을 공존시키며, 그 모든 감정을 '향기'로 퇴적시킨다. 베를린의 향기는 시원하고 딱딱한 금속성의 향에서 시작해, 타다 남은 석탄의 스모키함, 오래된 서류 보관소의 가죽 냄새, 벽돌과 먼지, 그리고 언젠가는 사라졌으나 여전히 남아 있는 듯한 총탄 냄새까지, 겹겹이 쌓인 역사와 감정의 레이어다.

향기로 도시를 기억할 때, 베를린은 언제나 '벽'에서 시작된다. 1961년부터 1989년까지 도시를 가로지르던 베를린 장벽은 단순한 콘크리트 구조물이 아니었다. 그것은 냄새로도 존재했다. 회색 시멘트 냄새, 감시탑 내부의 기계 윤활유 냄새, 병사의 군복에서 풍겨나는 무미건조한 비누 향, 총기의 철분 냄새. 그 냄새들은 자유를 가로막았고, 동시에 인간의 감정을 압축시킨 억압의 공기였다. 장벽은 무너졌지만, 그 향은 도시의 기억 속에서 결코 지워지지 않았다.

베를린의 향기는 사라진 것들의 냄새다. 유대인 박물관에서 느껴지는 기묘한 공기의 무게, 홀로코스트 메모리얼의 구조물 사이를 흐르는 차가운 기류, 슈프레 강변을 걷다 문득 맡게 되는 젖은 석회암의 냄새. 그것은 인간이 만든 참상을 향기로 기억하게 만드는 감정적 장치다. 후각은 언어보다 더 깊은 죄책감을 호출하고, 시각보다 더 오래 상흔을 저장한다. 베를린은 후각을 통해 역사와 대면하게 만든다.

이 도시가 단순한 아픔의 공간으로만 기억되지 않는 것은, 그 상처 위에 새로운 향기를 피워냈기 때문이다. 분단 이후의 서베를린은 예술과 저항의 중심이었고, 벽화와 낙서, 지하 클럽과 전위적 음악은 도시의 공기를 다르게 만들었다. 특히, 크로이츠베르크 지역은 향기로 반항했다. 담배 연기, 에어로졸 스프레이, 싸구려 향수, 그리고 맥주의 쿰쿰한 효모 냄새까지. 그것은 억압에 저항하는 감정의 언어였고, 냄새로 외치는 자유의 선언이었다.

베를린은 향기로 재건된 도시다. 장벽이 무너진 이후의 베를린은 단지 물리적 공간이 아닌, 감정의 재구성 공간이었다. 통일 이후 베를린은 신도시화와 재건축이 진행되면서 도시 전체의 향기도 변화했다. 현대식 건물에서는 인공적으로 조향된 디퓨저 향기, 갤러리 공간에는 미니멀한 우디 계열의 향, 카페에는 깊고 고소한 로스팅 커피 향이 퍼지기 시작했다. 그러나 여전히 이 도시에는 과거의 흔적을 품은 오래된 벽돌 건물, 지하실, 낡은 전차의 시트 냄새가 공존하고 있다. 그것이 베를린이 품은 향기의 진실성이다.

베를린은 또한 세계 향수 문화에서도 독자적인 조향 문화를 만들고 있다. 다른 유럽 도시들이 우아하고 클래식한 향에 집중한다면, 베를린은 실험적이다. 니치 향수 브랜드 'Der Duft'나 'Frau Tonis Parfum'은 도시의 감정과 사회적 이슈를 향으로 번역한다. 향수가 예술이자 정치가 되는 도시, 그것이 베를린이다.

이 도시는 향기를 통해 '기억하는 방법'을 묻는다. 그 기억은 종종 고통스럽고, 복합적이며, 아직 끝나지 않은 이야기다. 베를린은 후각적 회상으로 존재를 환기시킨다. 도시의 새벽을 걷다 보면, 지하철역 플랫폼의 차가운 냄새 속에서 문득 어떤 존재의 그림자를 마주하게 된다. 그것은 전쟁으로 사라진 누군가일 수도 있고, 독일 통일의 소용돌이에서 침묵했던 사람일 수도 있다.

베를린의 향기는 고통과 해방, 과거와 현재, 폭력과 예술이 동시에 살아 숨 쉬는 '다층적 감정의 지도'다. 그래서 이 도시는 다른 도시들과 다르게 향기로 사람을 매혹시키지 않는 도시다.

4. 프라하
고딕과 앰버,
낭만과 환상의 중세 도시

　프라하는 낭만이 가득한 도시다. 이곳은 기억이 머무는 곳이며, 환상이 흔들리는 공간이고, 고딕의 그림자가 감정을 품는 장소다. 수 세기 동안 중부 유럽의 심장으로 살아온 프라하는 단순한 건축 미나레트와 아치의 연속이 아니다. 그것은 시간의 향기를 품은 공간, 감정의 잔향이 살아 있는 유기체다. 프라하는 따뜻하면서도 신비롭고, 고요하면서도 몽환적인 감정이 앰버(Amber)와 시나몬(Cinnamon), 그리고 오래된 나무의 향으로 응축된 도시다.

카를교의 돌바닥은 매일 수천 명의 발걸음이 오가지만, 그 위에는 여전히 중세의 향기가 남아 있다. 바람이 불어오면 브르타바 강의 향기가 퍼진다. 프라하의 공기에는 '속삭이는 향기'가 있다. 그것은 눈에 띄지 않지만, 도시의 이야기와 감정을 은밀하게 전달한다. 마치 오래된 연애편지에서 풍기는 향수 냄새처럼, 프라하의 향기는 과거의 예술과 문화의 향기를 포근하게 감싸고 있다.

고딕 성 비투스 대성당에 들어서면 석회석과 향로의 냄새가 혼재된 공기가 맞이한다. 예배당 안에는 여전히 촛불의 연기와 성가대의 하모니가 어우러져 있다. 향기인문학은 그곳의 종교의식을 넘어서는 인간의 '영혼의 향기'를 포착한다. 프라하에서 종교란 믿음보다 감정이며, 향기를 통해 피어나는 사유의 방식이다.

프라하의 서점, 특히 고서점에서는 마른 종이와 잉크, 가죽 제본의 향기가 섞여난다. 프란츠 카프카가 거닐던 골목에서는 고독의 향기가 느껴진다. 향기인문학자에게 카프카는 '존재의 불확실성'을 향기로 번역한 인물이다. 그의 글에서 나는 냄새는 우디 앰버와 묵은 종이 냄새, 은근한 고립의 향이다. 프라하는 바로 그런 향기로 작가들의 상상력을 키워왔다.

이 도시에서는 맥주조차 향기 문화의 일부다. 체코산 라거가 뿜어내는 고소한 홉 향기, 굴뚝빵의 바닐라 시나몬 향은 프라하의 다정하고 서민적인 향을 대변한다.

프라하는 또한 마법의 도시로 알려져 있다. 연금술사들의 전설, 점성술과 별자리의 이야기, 그리고 야경 속 환상성은 향기로 확장된다. 밤의 프라하는 앰버와 머스크의 환상적인 조화를 뿜는다.

이 도시의 향기는 감정을 촉진한다. 연인의 체취와 마지막 키스의 향기, 작별 인사에 남은 체온, 그리고 음악이 끝난 뒤 무대 뒤에서 흘러나오는 바이올린 선율처럼 프라하는 감정을 저장하는 도시이다.

　예술적 창조성 또한 프라하 향기의 일부다. 이곳의 갤러리와 아틀리에, 실내 공연장과 지하 클럽에서는 예술가들이 자신들의 감정을 향으로 변환시킨다. 페인트, 석고, 숯, 타는 나무향기도 이 도시에서는 예술이 승화된 향기가 된다.

　프라하는 향기라는 매개체로 인간의 내면을 건드리는 도시다. 여운이 긴 음악처럼, 마시는 차보다 향이 오래 남는 술처럼, 프라하는 머문 자리에 감정의 향기를 남긴다. 당신이 떠난 뒤에도, 그곳의 앰버 향은 당신의 가방이나 스카프 어딘가에 남아 있을 것이다. 그리고 그것은 언젠가 불현듯 다시 당신을 프라하로 불러들일 것이다.

5. 바르셀로나
아름다운 곡선과
태양의 향기

바르셀로나는 예술이 감각적으로 살아 있는 도시이다. 가우디의 건축물처럼 비정형적이고 유기적인 구조 속에 사람들의 감정이 파도처럼 출렁인다. 바르셀로나는 '창조성과 생명력의 향기'를 품고 있으며, 태양의 향기와 예술의 촉감이 조화를 이루는 도시다.

가우디의 대표작인 사그라다 파밀리아 성당 앞에 서면 느껴지는 향기부터 특별하다. 햇볕에 달궈진 석재와 천창을 통해 들어오는 따뜻한 공기, 내부의 향유와 오래된 목재 벤치, 방문객의 향수와 미세먼지까지. 이 모든 것은 신성함과 인간미가 어우러진 향기로 응축된다. 신을 위해 지어진 공간이지만, 사람의 숨결이 더 진하게 느껴지는 곳. 향기는 이곳에서 종교와 예술, 일상과 영원이 교차함을 말해준다.

람블라스 거리에는 다양한 향기가 흐른다. 꽃 시장의 라벤더와 제라늄 향기, 갓 튀겨낸 츄러스와 핫초콜릿의 달콤한 냄새, 그 사이를 오가는 사람들의 향수. 이 거리는 도시의 감정이 향기로 해방되는 공간이다. 바르셀로나의 향기는 정적인 것이 아니라 동적이며, 지속적으로 재창조된다. 거리 자체가 감정의 무대이고, 향기가 그 배경음악이다.

구엘 공원은 바르셀로나의 향기 정체성을 가장 잘 보여주는 곳 중 하나다. 정원의 꽃향기, 세라믹 타일에서 반사되는 햇빛의 열기, 나무 그늘의 솔잎 냄새, 주변에서 열리는 피크닉의 와인과 치즈 향기까지. 이곳은 도시 속 자연의 오감이 집약된 장소다. 구엘 공원의 향기는 '자연과 상상력의 조우'이며, 그 감각적 충돌은 향기를 매개로 완성된다.

카탈루냐 광장 근처의 역사적 골목인 고딕 지구에 들어서면, 공기의 밀도가 달라진다. 오래된 가죽 책의 향기, 고양이와 사람들의 체취가 뒤섞인 중세의 공기. 여기에선 향기가 '기억의 운반체'로 작용한다. 현대적 스피드와 대비되는 이곳의 향기는 느림과 깊음을 통해 감정의 골짜기를 자극한다.

해변 도시 바르셀로나는 또한 지중해의 향기를 품고 있다. 바닷바람, 선탠오일의 코코넛 향기, 수건의 햇살 향. 해변은 도시에서 가장 솔직한 감정이 드러나는 장소다. 사랑, 자유, 외로움, 해방, 고독…. 바르셀로나의 해변은 '자기 정화의 공간'이자 '감정의 정화 장치'다.

바르셀로나의 미술관과 갤러리는 시각 예술과 후각의 교차점이다. 피카소 미술관, 미르 재단, 현대미술관 MACBA는 향기조차 철학적으로 해석할 수 있는 장소다. 전시실 안의 섬세한 조명, 작품 보호를 위한 냉방 시스템의 공기, 방문객의 긴장된 숨결에서 나오는 미세한 향기들. 예술을 향기로 감상할 수 있는 이 공간들에서, 후각은 사유의 매개체로 기능한다.

바르셀로나의 향수를 만든 브랜드 'Carner Barcelona'는 도시의 감성을 향으로 담아낸다. 대표적인 향인 Tardes, D600, Latin Lover는 각각 오후의 여유, 도시의 지성, 그리고 사랑의 감각을 상징한다. 시더우드, 머스크, 베르가못, 아이리스, 일랑일랑 등 다양한 향료들은 바르셀로나의 예술성과 감성, 그리고 복잡한 정서를 조향적으로 표현한다.

바르셀로나의 밤은 낮보다 더 향기롭다. 기타 연주가 들리는 광장, 야외에서 열리는 공연, 와인의 향기와 고기 굽는 냄새가 뒤섞인 바는 향기가 감정의 감도를 높이는 도구가 되어, 도시는 마치 오페라의 클라이맥스처럼 고조된다. 감정이 풍경화가 되는 밤, 바르셀로나는 향기로 사람들의 기억을 사로잡는다.

1부. 문명의 향기, 유럽에서 피어난 시간의 기억

6. 로마
황금의 유산,
신성한 관능의 향기

로마는 시간의 퇴적을 향기로 기억하게 하는 도시다. 과거와 현재가 동일한 골목에서 만나고, 폐허 속에서도 생명력의 향기가 피어난다. 로마는 '황금의 유산'과 '신성한 관능'이 교차하는 도시이며, 향기를 통해 고대의 영광과 인간적 감정을 동시에 경험하게 만든다.

황제를 찬양하던 함성, 검투사의 피, 사자의 숨결, 그리고 두려움과 환희가 뒤섞인 고대의 공기가, 바람에 실려 지금도 떠다닌다.

"로마는 역사 그 자체가 증유된 향기를 지녔다."

트레비 분수 앞의 공기는 동전이 튀는 소리와 함께 퍼지는 석회수의 청량한 냄새, 그리고 그 위로 올라오는 장미 향수. 사람들의 소망이 실린 그 향기는 로마의 낭만을 설명하지 않고도 충분히 전달한다.

바티칸은 또 다른 향기의 세계다. 교황청의 고요한 복도, 시스티나 성당의 숨 막히는 정적, 촛불과 향로에서 올라오는 향. 백단향, 유향, 몰약이 혼합된 종교적 조합은 이 도시를 '성스러운 후각의 공간'으로 만든다. 이곳에서는 향기가 곧 신성의 언어이며, 기도보다 깊은 침묵의 매개체다. 바티칸의 향기는 정결함과 숭고함, 그리고 인간의 한계를 넘어서는 감정의 깊이를 담고 있다.

로마의 거리 구석구석은 감각의 파편들로 가득하다. 에스프레소 머신에서 풍기는 고소한 커피 향, 빵 굽는 냄새, 토마토와 바질, 올리브유가 어우러진 파스타의 향기, 젤라또의 달콤한 향기들은, 이탈리아인의 정체성과 감정, 유쾌함과 열정의 표현이다. 로마는 '관능적 삶의 후각적 표본'이라 할 수 있다.

향수 브랜드 'Santa Maria Novella', 'Acqua di Parma'는 로마의 정신을 조향으로 구현한 대표적 사례다. 시트러스, 네롤리, 베르가못, 라벤더, 샌달우드 등은 고전과 현대가 만나는 지점이며, 향기를 통해 로마를 피부 위에 새기는 방식이다. 이 향기들은 로마의 우아함, 태양빛, 그리고 이 도시가 지닌 감각의 깊이를 담는다.

포로 로마노와 아피아 가도를 걷다 보면, 돌 위에 남겨진 세월의 흔적과 함께한 유적지의 공기 속에는 침묵과 경외가 향기로 숨어 있고, 지중해의 바람은 로마의 숨결을 한 겹 더 얹는다.

밤의 로마는 진한 감정의 향기로 넘친다. 카라바조와 베르니니가 머물던 골목, 야경에 비친 성 베드로 대성당의 실루엣, 조용한 성가가 흐르는 수도원 앞 벤치. 이 순간의 향기는 유혹과 관조가 혼합된 상태다. 라벤더 향기와 와인의 알코올 냄새, 오래된 석재에서 올라오는 냉기, 그리고 그 모든 것 위에 내려앉는 달빛의 무향. 로마의 밤은 향기를 통해 감정을 들려준다.

로마는 신화의 도시이며, 감정의 도시이며, 향기의 도시다. 황제의 파편, 순례자의 기도, 연인의 속삭임, 예술가의 고독, 민중의 열기. 이 모든 것이 향기로 저장된다. 로마를 걸을 때, 우리는 과거를 밟는 것이 아니라, 향기를 통해 과거와 대화하게 된다.

7. 암스테르담
자유와 관용의
도시향기

　암스테르담은 물의 도시이며, 동시에 '자유'와 '관용'의 도시다. 운하를 따라 흐르는 물길은 과거의 상업적 번영을 말해주고, 도시를 채운 향기는 이념과 예술, 감정의 층위까지 담아낸다. 암스테르담은 '관용의 후각 도시'이며 진실한 삶의 철학을 전달하는 언어다.
　암스테르담의 중심을 이루는 운하 지대(Grachtengordel)는 그 자체가 향기의 선(線)이다. 이른 아침 운하를 따라 산책을 하면, 물안개가 어우러진 청량한 공기 주변 집들의 커튼 너머로 흘러나오는 아침 식사의 향기까지. 이 도시의 향기는 일상과 철학의 증류다.

안네 프랑크의 집을 지나며 느끼는 향기는 전쟁과 박해, 억압 속에서 지켜낸 인간의 진심, 그리고 작은 공간에 머물렀던 한 가족의 체취가 섞여 있다. 향기는 이곳에서 '침묵의 기록'이자, 역사의 무언의 목소리로 작용한다. 인간 존재에 대한 연민이며, 기억에 대한 가장 정직한 감각이다.

조르단 지구(Jordaan District)에서는 감정이 보다 자유롭게 흐른다. 예술가와 젊은 세대들이 모여 사는 이 지역은 개성 넘치는 카페, 갤러리, 골동품 가게들이 풍기는 다양한 향기로 채워져 있다. 캔버스에서 마르는 물감, 장미와 허브가 섞인 개인 정원의 향기. 조르단은 후각적으로 '예술적 다양성'과 '개인의 자유'를 보여준다.

튤립은 암스테르담의 꽃이자, 네덜란드 전체를 상징하는 식물이다. 튤립 열풍이 휩쓸었던 17세기 네덜란드의 금융투기 시대는 감정의 탐욕과 허상을 향기 속에 품고 있다. 튤립은 화려하지만 향이 약하다. 그것이 오히려 이 도시의 아이러니를 보여준다.

암스테르담 국립미술관(Rijksmuseum)이나 반고흐 미술관에서는 감각과 정신이 교차한다. 미술품을 감상하는 동안, 박물관 특유의 공기, 작품 보호용 종이의 잔향, 그리고 관람객들의 향수와 어우러진 조용한 감정의 파동이 감지된다. 반 고흐의 그림에서 향기를 상상하면, 우리는 해바라기의 건조한 밝음, 밀밭의 바람 내음, 밤하늘의 고요한 냉기를 느끼게 된다. 향기는 예술의 또 다른 해석법이다.

향수 브랜드 'Abel'은 암스테르담에서 시작된 지속 가능한 향수 철학을 반영한다. 100% 내추럴 원료와 감정 중심 조향을 통해, 이 브랜드는 암스테르담의 윤리적 향기를 만들고 있다. 네롤리, 화이트 베티버, 골든 네롤리 등은 '깨끗함', '관용', '내면의 자유'를 상징하며, 향수 자체가 도시의 철학을 담은 언어가 된다.

암스테르담의 밤은 물과 빛, 그리고 향기로 흐른다. 홍등가의 자유로운 기운, 인도네시안 레스토랑에서 퍼지는 이국의 향신료, 브라운 카페에서 느껴지는 맥주와 담배, 전통적인 목조 창틀에서 나는 나무의 온기. 모든 향기는 감정을 인정하고 표현한다.

암스테르담은 우리에게 말한다. "너 자신을 숨기지 마라." 향기는 그 진심을 증명하는 감각이다. 이 도시에서 향기는 삶을 포용하는 힘이자, 경계 없는 세계에 대한 환영의 메시지다.

그리고 이 도시를 떠나온 사람은, 운하 옆에서 스친 바람의 냄새, 튤립밭의 잔향, 고요한 자전거길에서의 숨결을 기억할 것이다.

8. 비엔나
고요한 품격과
음악의 향기 도시

 비엔나는 소리와 향기가 함께 흐르는 도시다. 오스트리아의 수도이자 유럽의 심장부인 이곳은, 격조 높은 고전음악과 함께 삶의 품격을 향기 속에 담아낸다. 비엔나는 '정신성과 예술성의 융합체'이며, 그 향기는 조용한 사유와 고귀한 감정의 결정체다. 이 도시는 향기가 단지 후각의 영역을 넘어, '정신의 기품'을 표현하는 매개체가 된다.

쉰브룬 궁전의 정원을 거닐 때 느껴지는 것은 역사와 자연이 어우러진 향기다. 조경된 잔디와 장미의 향, 고요한 분수의 수분 냄새, 맑은 공기 속에서 피어오르는 오래된 석조 건물의 미세한 향기. 이곳에서는 향기가 시간이 만든 정적을 감싼다.

비엔나를 걷다 보면, '사운드의 향기'가 공기 중에 깃들어 있음을 느낀다. 모차르트, 베토벤, 슈베르트, 브람스 등…. 도시가 품은 음악가들의 정신은 건물과 거리의 향기로 살아 있다. 빈 필하모닉 공연장의 대기, 악보에서 배어 나오는 종이 냄새, 연습실의 나무 피아노와 바이올린 케이스에서 나는 고유의 향. 비엔나에서 향기는 음악의 잔향이며, 청각적 감동이 후각으로 전이되는 현장이다.

카페하우스 문화는 비엔나를 향기로운 도시로 만드는 또 하나의 요소다. 하벨카, 츠바이테만, 데멜 같은 전통 카페에 들어서면, 에스프레소와 휘핑크림이 올라간 멜랑슈 커피, 아몬드가 든 아펠슈트루델, 슈니첼. 이 향기들은 사유와 대화의 배경이자 비엔나 시민의 철학이 숨 쉬는 공간이다. 향기는 이 도시에서 지식과 감성의 혼합물이 된다.

비엔나의 미술관과 박물관은 예술적 향기의 밀도가 높다. 벨베데레 궁, 알베르티나, 레오폴트 미술관, 분데스쿤스트 미술관 등은 오스트리아 회화의 황금시대를 후각으로 느끼게 한다. 구스타프 클림트의 금박 화풍, 에곤 실레의 날카로운 감성, 프란츠 마르크의 상징주의는 향기와 공존하며 예술과 향기 사이의 숨은 대화를 이끌어낸다.

비엔나에서의 향기는 또 다른 방식으로 도시의 기억을 저장한다. 제2차 세계대전의 흔적이 남은 유대인 거리, 슈테판 대성당의 향냄새, 그리고 도시 전체에 흐르는 숙연한 감정은 후각적으로도 감지된다.

비엔나는 향기를 통해 '잊어서는 안 될 기억'을 보존한다. 후각은 역사에 대한 감각적 증언이며, 그 속에는 상실과 회복, 애도와 승화가 동시에 존재한다.

비엔나의 향수 브랜드인 'WienerBlut'는 도시의 정서적 특질을 고스란히 담아낸다. Palais Nizam, Freudian Wood 같은 향은 오스트리아 황실의 기품, 프로이트적 내면성, 그리고 현대적 감각을 한 병 안에 농축시킨다. 유럽풍 아이리스, 삼나무, 앰버, 머스크 향료는 정신성과 관능의 경계를 넘나들며, '향기로 사유하는 도시'라는 인상을 극대화한다.

비엔나의 밤은 정숙한 향기의 절정이다. 국립 오페라극장에서 퍼지는 드레스의 실크 향기, 밤하늘 아래 비엔나 강가를 따라 걷는 이들의 조용한 숨결, 레스토랑에서 풍기는 치즈와 화이트와인의 향기. 이 모든 향기는 조명보다 섬세하고, 음악보다 조용하며, 감정보다 절제되어 있다. 이 도시의 향기는 결코 화려하지 않지만, 잊히지 않는다.

비엔나의 향기는 내면을 드러내기보다, 내면을 가다듬게 한다. 표현이 아닌 침묵의 기술, 감정이 아닌 품격의 표현. 향기가 정신을 닦는 수단이 되는 유럽의 유일한 도시. 그것이 바로 비엔나의 존재 의미다.

2부.

경계 위의 향기, 지중해와 북유럽의 감성

Between Empires and Fjords
The Fragrance of Transition

9. 브뤼셀 초콜릿과 맥주의 향기

　벨기에의 심장에 위치한 이 도시는 초콜릿과 맥주, 고풍스러운 골목과 현대적 감각, 전통과 창조의 향기를 동시에 머금고 있다. 브뤼셀의 향기는 겹겹이 축적된 미각과 감각의 기록이며, 장인의 손끝에서 피어나는 정성과 정체성의 냄새다.

　가장 먼저 떠오르는 향은 단연 초콜릿이다. 벨기에 초콜릿은 단순한 간식이 아니라, 정교한 공예품이며 향기의 언어다. 고디바(Godiva), 노이하우스(Neuhaus), 피에르 마르콜리니(Pierre Marcolini) 같은 초콜릿 브랜드는 각각의 감정 코드를 담고 있다.

　벨기에 초콜릿의 향은 깊고 진하며, 따뜻하고 감미롭지만 결코 가볍지 않다. 캐러멜화된 설탕의 따스한 감촉, 다크 카카오의 쌉싸름함, 바닐라빈의 섬세함은 벨기에 사람들의 자부심과 정서, 그리고 장인의 철학이 녹아 있다.

　브뤼셀의 골목을 걷다 보면 초콜릿 외에도 다양한 향기가 퍼진다. 갓 구운 와플의 향기, 오래된 성당 내부의 향료 냄새, 벨기에 맥주의 깊고 풍부한 향. 이 도시는 마치 '향기의 실험실' 같다. 특히 맥주 향기는 브뤼셀의 정체성과 직결된다. 람빅(Lambic), 궤즈(Gueuze), 트라피스트(Trappist)처럼 천연 효모를 사용하는 벨기에식 맥주는 발효의 향기를 도시의 공기 속에 남긴다.

　브뤼셀의 향기는 일종의 문화적 대화다. 유럽연합(EU)의 본부가 위치한 이 도시는 다국적 문화가 혼재되어 있고, 이는 향기에서도 드러난다. 아랍계 향신료, 아프리카 마켓의 천연 오일, 프랑스식 향수의 잔향, 네덜란드식 치즈의 고소함 등은 브뤼셀을 단일 민족의 도시가 아닌, '향기의 이민자 도시'로 만든다.

마그리트 박물관이나 벨기에 만화 박물관처럼 독특한 예술 공간은 이 도시에 또 다른 향기를 부여한다. 초현실주의 화가 르네 마그리트의 작품은 시각이 아닌 후각으로도 해석할 수 있다. 그의 작품은 현실의 뒤틀림을 통해 감정의 본질에 다가가며, 이는 '향기의 불일치성'이라는 방식으로 브뤼셀 공기 속에 퍼져 있다. 이 도시는 종종 익숙한 향기 속에서 낯선 감정을 불러일으킨다.

브뤼셀에서 향기란 단지 후각의 대상이 아니라, 인간과 장소를 연결하는 인문학적 연결고리다. 한 카페에서 마신 커피의 향은, 단지 원두의 품질이 아니라, 그날의 날씨와 바리스타의 기분, 그리고 옆 사람의 향수 냄새까지 종합적으로 구성된 '감정의 구조물'이다.

브뤼셀의 노을 진 골목에서는 종종 무화과와 꿀, 초콜릿과 담배, 맥주와 가죽의 향이 혼합되어 지나간다. 그것은 인간 감정의 비유와 같다. 달콤함과 씁쓸함, 기쁨과 고독이 동시에 존재하는 도시이다.

벨기에 왕궁 앞의 향기도 특별하다. 정원에서 피어나는 자스민과 장미는 왕실의 기품이 향기로 번역된 공간이다. 그곳에 서면, 인간 존재 자체가 하나의 향기가 될 수 있다는 인식이 생겨난다. 당신의 감정이 이 도시에 흡수되고, 향기로 배어 나오는 순간이다.

브뤼셀은 작지만 깊고, 조용하지만 농밀하다. 브뤼셀의 향기를 기억하는 사람은 그 도시를 이성으로가 아니라 감정으로 이해한 사람이다. 그리고 그 감정은 시간이 지나도, 옷깃이나 일기장, 혹은 꿈속에서 은은히 되살아난다. 그것이 이 도시의 향기가 지닌 인문학적 위대함이다.

10. 부다페스트
온천과 혁명의
도시향기

부다페스트는 냄새로 숨 쉬는 이중도시다. 다뉴브강을 사이에 두고 부다와 페스트가 마주 보고 선 이 도시는, 물과 불, 온기와 차가움, 혁명과 평온이 공존하는 후각적 공간이다. 부다페스트는 '열의 도시'이자 '기억의 도시'이며, 삶의 온도와 감정의 진폭을 동시에 담는 향기의 모자이크다.

세체니 온천(Széchenyi Baths)에 들어서면, 물의 향기와 광물의 냄새가 감각을 휘감는다. 유황과 미네랄이 섞인 뜨거운 물의 향기는 단지 치유의 도구가 아니라, 이 도시의 정체성이다. 이 향기는 피로한 정신을 녹이고, 과거의 아픔을 풀어내며, 감정의 긴장을 풀어주는 후각적 휴식처이다. 부다페스트의 온천은 '뜨거운 향기'를 품은 역사적 감정의 욕조다.

게렐레르트 언덕(Gellért Hill)에서 내려다보는 도시의 향기는, 혁명과 독립, 저항과 통합의 역사를 내포하고 있다. 높은 지대의 바람은 강 건너편의 숲 냄새와 도시의 매연, 사람들의 체취를 한데 섞는다. 이 향기 속에는 헝가리인들의 자긍심과 상처, 그리고 삶의 비애가 있다.

부다 성(Buda Castle) 내부는 차분하고 중후한 냄새로 가득하다. 오래된 석조 벽과 벨벳 장식, 고풍스러운 가구와 화약 냄새의 잔향. 이곳은 '귀족의 향기'와 '혁명의 향기'가 겹치는 장소이며, 부다페스트의 양면성을 그대로 보여주는 후각적 공간이다. 이곳은 기억의 충돌 지점이다.

페스트 지역의 유대인 지구는 고요하고 진한 감정의 향기가 배어 있다. 유서 깊은 회당에서 퍼지는 촛농과 목재의 냄새, 거리의 카페에서 풍기는 감귤과 계피의 향기, 그리고 골목 어귀에 배인 역사적 상흔의 냄새. 부다페스트는 이곳에서 '기억의 향기'와 '존재의 냄새'를 조용히 노래한다.

헝가리 국회의사당은 향기마저 장엄하다. 대리석 바닥의 냉기, 카펫과 책, 제단의 양초, 인조 가죽의 정치적 냄새. 이 향기들은 권력의 무게와 민주주의의 실험, 그리고 도시의 정체성에 대한 사색을 환기시킨다.

다뉴브강 강가에서는 '물의 감정'이 흐른다. 물비린내와 회색 콘크리트, 겨울의 찬 공기, 지나가는 유람선의 연료 냄새, 강변의 꽃시장 향기까지. 이 모든 향기는 부다페스트를 감정의 흐름 속에 두고, 삶의 심연과 마주하게 만든다.

커피하우스 전통은 부다페스트의 또 다른 향기적 문화다. 제르보(Gerbeaud), 뉴욕 카페(New York Café) 등지에서는 초콜릿과 버터, 진한 에스프레소, 크림, 플로랄한 향수. 이 향기들은 '지성의 향기'이자, 문학과 사상의 향기이다.

헝가리 고유 향신료, 특히 파프리카의 냄새는 도시 전역에서 발견된다. 굴라시(Gulyás) 요리와 함께 풍겨오는 이 향기는 땀과 열정, 가난과 생존, 가정의 기억을 담고 있다. 부다페스트는 '맛의 향기'가 '삶의 감정'으로 확장되는 도시다.

현대 부다페스트의 향기는 다시 도시를 젊게 만든다. 디자인 숍에서 나는 가죽 제품의 향, 예술 갤러리의 아크릴 냄새, 지하철역의 금속성 향기, 루인바(Ruin Bar)에서 퍼지는 낙서, 담배, 허브, 삶의 흔적들. 이곳은 해체와 재창조가 향기로 교차하는 공간이다.

11. 이스탄불
도시 문명의
교차로

이스탄불은 후각으로 기억되는 문명의 교차점이다. 유럽과 아시아를 잇는 지정학적 위치만큼이나, 이 도시의 향기는 동서양 문화의 융합과 충돌, 그리고 감정의 다양한 층위를 담아낸다. 이스탄불은 '향기의 실크로드'이다.

그랜드 바자르에 들어서는 순간, 향기의 홍수가 몰려온다. 사프란, 커민, 계피, 정향, 카르다몸, 아니스, 팔각, 그리고 이름 모를 수백 가지 향신료가 공중에서 뒤엉킨다. 이것은 단순한 시장의 냄새가 아니다. 그것은 무역의 역사, 사람과 사람이 물건을 통해 만나는 감정, 이방인의 호기심과 상인의 정열이 배어 있는 향기다. 이스탄불의 향기는 흥정과 욕망, 거래와 미소의 혼합물이다.

술탄아흐메트 모스크 (블루 모스크)의 공기 속에는 경건한 정숙이 서려 있다. 기도 시간마다 울려 퍼지는 아잔(이슬람 기도 소리)과 함께, 양탄자에 밴 향료 냄새, 오래된 나무 기둥, 무슬림의 땀과 향유가 섞인 공기가 코끝을 스친다. 이곳에서 향기는 믿음의 매개체이며, 신 앞에서 인간의 연약함을 드러내는 진솔한 감정이다.

보스포루스 해협에서 불어오는 바닷바람은 또 다른 층위의 향기를 선사한다. 소금기 어린 파도 냄새, 선착장에서 나는 연료 냄새, 생선구이의 탄 향, 갈매기의 비린내까지. 이스탄불의 해협은 도시의 정체성 그 자체이며, 그 향기는

생존과 이주의 기억을 상징한다. 고대 로마와 비잔틴, 오스만 제국을 거쳐 현대 튀르키예까지 이 해협은 수많은 문명의 숨결을 실은 바람을 불러왔다.

이스탄불의 거리에서는 매 순간 새로운 향기를 만난다. 돌길에서 피어오르는 흙냄새, 카페에서 나는 튀르키예 커피의 진한 향, '시샤(물담배)'의 과일 향, '로쿰(튀르키예식 젤리)'의 설탕 냄새, 거리 간식인 '시미트(깨 베이글)'의 구수한 냄새. 이 도시는 감각을 자극하며, 후각을 통해 '삶의 진동'을 전달한다. 향기는 이곳에서 정체성과 생존, 그리고 일상의 감정을 동시에 아우른다.

이스탄불은 향수로도 자신의 정체성을 확장한다. 'Nishane'는 이스탄불을 대표하는 향수 브랜드로, Ani, Hacivat, Safran Cologn 등은 각각 사랑과 전통, 향신료와 도시적 세련됨을 담아낸다. 로즈, 사프란, 나무, 앰버그리스, 레진 향료들이 혼합된 이 향수들은 '문명 간 감정 교류'라는 테마를 조향으로 표현한다. 이스탄불의 향기는 오래되었지만 날마다 새롭다.

이스탄불의 밤은 감정의 향기로 채워진다. 갈라타 다리 아래에서 풍기는 생선구이와 맥주의 냄새, 밤하늘을 수놓는 불빛과 함께하는 로맨틱한 배 한 척, 페라 지역의 재즈 클럽과 거리의 청춘들, 그리고 어디선가 울리는 전통 악기의 소리. 이 향기들은 고독과 열정, 향수와 환희가 겹치는 교차점이다.

도시의 고대 유적들, 하마미(튀르키예식 목욕탕), 전통 의상과 카펫, 유리 공예품 속에도 향기가 스며 있다. 튀르키예식 목욕탕에서 사용하는 올리브 비누, 미스트, 장미수는 몸과 마음을 정화하는 향기 의식이다. 이곳의 향기는 '정화와 치유'의 기능을 하며, 영혼의 샤워를 의미한다.

이스탄불은 향기의 모자이크이며, 감정의 실크로드다. 오스만 제국의 유산, 이슬람의 정숙, 유럽의 세련됨, 아시아의 생동감이 이곳에서 한데 엉켜 향기로 표현된다. 이스탄불의 향기는 '문명의 잔향'이자, '인간 감정의 집단적 체취'다. 지나간 세월과 남겨진 감정들이 뒤섞인 향기 속에서, 이 도시는 우리에게 하나의 질문을 던진다.

12. 리스본
파두와 사색의 향기

리스본은 파두(Fado)의 도시다. 슬픔을 노래하는 이 포르투갈 특유의 음악 장르는 곧 도시의 후각적 정체성과 연결된다. 리스본은 '그리움의 냄새', '바람의 향기', 그리고 '사라진 제국의 기억'으로 구성된 감성적 도시다. 이 도시는 향기를 통해 인간의 실존적 감정을 보여준다.

리스본의 알파마(Alfama) 지역은 가장 오래된 향기를 간직하고 있다. 좁은 골목, 구불구불한 돌길, 창문을 통해 스며 나오는 라벤더 향 세제, 그리고 저녁마다 울려 퍼지는 파두의 가락. 이곳의 향기는 '과거가 현재를 감싼다'는 감각을 선사하며, 시간의 주름을 따라 흐른다. 향기는 공간이 기억을 품고 있다는 사실을 증명한다.

벨렘 지구(Belém)에서는 대항해 시대의 냄새가 난다. 바닷바람, 범선의 닻에 묻은 소금기, 조개구이와 오징어 튀김의 냄새, 그리고 대항해 기념탑에서 풍기는 금속과 돌의 조합은 '제국의 향기'를 다시 불러온다. 하지만 그 향기는 영광이 아니라, 떠나온 이들에 대한 아련한 슬픔으로 변환된다. 향기는 과거의 자긍심과 상실의 감정을 동시에 담아낸다.

리스본의 트램 28번은 도시의 후각 여행선이다. 오래된 목재와 가죽 시트의 냄새, 이른 아침의 안개, 트램 옆 빵집에서 풍기는 커피와 에그타르트(pastel de nata)의 향기. 도시의 향기들은 여기에 감정의 궤도를 그리며 흔들린다. 트램은 이동하는 감정의 컨테이너이고, 향기는 리스본의 감성적 속도이다.

리스본의 책방과 골동품 가게들은 낡은 종이와 가죽, 잉크, 먼지의 향기로 가득하다. 이 냄새들은 지적 정서의 저장소이며, 시간과 감정이 중첩된 향기적 문장들이다. 이곳은 '사색의 향기', '추억의 냄새'가 깃든 감정 공간이다.

리스본의 바다향기는 단순한 자연의 냄새가 아니다. 그것은 실향의 감정, 떠남의 아픔, 돌아오지 못한 이들의 향기로 이루어진다. 대서양 바다에서 불어오는 바람은 감정의 파편을 실어 나르며, 도시 전체를 '기다림의 후각'으로 채운다. 이곳의 향기는 바람과 함께 울고, 바다와 함께 속삭인다.

리스본 사람들은 향기를 담아 노래를 부른다. 파두 가수들의 숨결, 목청에서 울려 나오는 체념과 희망, 무대 뒤에서 뿌려지는 샌달우드 향수, 관객들 사이에 퍼지는 포르투갈 와인의 향취. 이 모든 냄새들은 음악과 함께 떠오르고, 감정을 일으키며 사라진다. 리스본은 '음악의 향기'가 살아 있는 도시다.

포르투갈 향신료 시장에서는 고수잎, 월계수, 파프리카, 말린 생선, 신선한 레몬과 라임의 향이 혼재한다. 이는 향기의 정체성과 다문화적 유산을 드러내는 장소이며, 대서양을 건너왔던 이민자들의 감정을 지닌 향기적 기록이다. 리스본의 향기는 세계를 연결한 후각적 증언이다.

컨템포러리 아트와 향수 브랜드 'Comporta Perfumes'는 리스본의 새로운 감각을 대변한다. 포르투갈은 색과 공간, 감정을 재해석한 향기로, 도시의 정체성을 감각적으로 재구성한다. 도시의 향기는 이 도시의 감정을 담은 병 속의 시(詩)다.

이 도시를 거닐고 나면, 사람들은 파두와 바다의 잔향을 기억하게 된다. 그것은 잊히지 않는 향기, 그리고 곁에 두고 싶은 감정이다.

13. 잘츠부르크
음악과 알프스의 향기

　잘츠부르크는 음악의 도시라는 찬사를 넘어서, 향기와 감정이 교차하는 유럽 문화의 후각적 성소이기도 하다. 알프스의 품 안에 안긴 이 도시는 천재 음악가 모차르트를 탄생시킨 곳으로, 그가 걸었던 길, 머물렀던 방, 그리고 연주했던 공간은 오늘날까지도 고스란히 후각적 기억을 머금고 있다.

　잘츠부르크의 향기는 단순한 자연의 냄새나 인공적인 향수가 아니라, '시간이 만든 향'이다. 오래된 성벽에서 풍기는 향, 강을 따라 흐르는 나무의 냄새, 잘츠부르크의 향기는 청각과 후각이 공존하는 도시적 감각의 복합체이다.

볼프강 아마데우스 모차르트는 잘츠부르크라는 도시 그 자체의 정서적 향기를 대표하는 존재이다. 그의 생가는 오늘날 박물관으로 보존되어 있으며, 내부에 들어서면 나무 마루에서 퍼지는 오래된 목재의 냄새, 낡은 악보에서 나는 종이의 향기, 벽에 걸린 오래된 유화에서 느껴지는 물감의 잔향이 이 도시의 시간을 대변한다.

모차르트의 교향곡은 봄날 알프스 꽃밭의 향기를 연상케 하고, 피아노 협주곡은 이른 아침 강가에 피어오르는 안개와 이슬의 냄새를 떠올리게 한다. 음악은 후각보다 오래 지속되지 않지만, 그 감정의 여운은 향기와 같이 잊히지 않는다.

잘츠부르크는 사계절이 분명한 도시이다. 봄에는 에델바이스와 라일락 향기가 도시 전체를 감싸고, 여름에는 초록의 풀냄새와 민트, 허브의 향이 도시를 부드럽게 덮는다. 가을에는 낙엽과 젖은 흙, 밤나무 향이 감성적인 분위기를 자아내며, 겨울에는 크리스마스 마켓에서 풍기는 계피, 글뤼바인(따뜻한 와인), 생강 쿠키, 소나무의 향이 거리마다 펼쳐진다.

이러한 계절 향기는 단순히 향기에 머무르지 않고, 도시 사람들의 감정과 생활 양식, 그리고 예술적 감수성에 깊은 영향을 미친다. 알프스 산맥의 공기는 마치 잘츠부르크의 음악처럼, 조용히 그리고 길게 머문다.

잘츠부르크는 바로크 양식의 건축미로 유명하다. 잘츠부르크 대성당, 호헨잘츠부르크 성, 레지덴츠 궁전 등은 웅장하면서도 섬세한 장식을 지닌 공간으로, 각각 고유한 향기를 간직하고 있다. 오래된 벽돌과 대리석의 냄새, 촛불로 그을린 유화 그림에서 나는 잔향, 사제복과 향로에서 피어오르는 유향(乳香)의 고전적인 향기는 이 도시가 가진 종교성과 미학적 감수성을 잘 드러낸다.

이처럼 잘츠부르크는 건축과 향기가 결합된 도시다. '눈으로 보는 향기'라는 말이 가능하다면, 이 도시는 그 정의에 가장 부합하는 장소이다. 거리를 걷는 것만으로도 우리는 고요한 음악과 함께 건축의 향을 체험하며, 역사적 시간 속을 유영하는 듯한 감정을 느끼게 된다.

잘츠부르크는 전 세계적으로 영화 『사운드 오브 뮤직』의 촬영지로 유명하다. 이 영화는 시청각적 경험을 넘어, 후각적 기억까지 불러일으킨다. 영화 속 마리아와 아이들이 뛰어놀던 언덕은 실재 공간으로 존재하며, 실제로 그 장소에 서면 산바람에 실려 오는 풀잎 향, 들꽃의 냄새가 감각을 자극한다.

영화에서 흘러나오는 음악과 함께 재생되는 이 자연의 향기는 관객들에게 향기와 감정이 얼마나 밀접하게 연결되는지를 알려준다. 이 향기적 경험은 오늘날까지도 관광객들의 기억 속에 '체험된 영화'로 남아 있으며, 이는 도시가 예술을 통해 후각적 기억을 어떻게 창조할 수 있는지를 잘 보여준다.

매년 열리는 잘츠부르크 음악제(Salzburger Festspiele)는 도시 전체가 음악의 향기로 채워지는 기간이다. 이 시기에는 전 세계에서 온 관객들이 클래식 음악을 경험하기 위해 이 도시를 찾으며, 공연장 주변에는 정장과 향수가 어우러진 독특한 후각적 풍경이 펼쳐진다.

잘츠부르크의 향기는 이처럼 한 도시의 전통, 예술, 감정이 혼합된 총체적 후각적 언어이다. 단순히 향수로 표현되지 않더라도, 우리는 이 도시의 향기를 마음 깊이 기억하고, 다시 떠올릴 수 있다.

잘츠부르크는 향기가 단순한 감각을 넘어, 존재를 이해하는 방식으로 기능하는 도시이다. 이곳에서 향기는 삶의 서사이고, 기억의 매개이며, 예술과 종교, 자연과 문명의 교차점이다. 특히 이 도시의 향기는 지나가는 냄새가 아니라, 공간과 시간, 감정이 결합된 '기억의 입자'로서 존재한다.

이러한 점에서 잘츠부르크는 향기인문학적 모델 도시라 할 수 있다. 도시 전체가 후각적 상상력의 박물관이며, 관광객들은 이 향기 속에서 각자의 감정을 되살리고, 존재의 깊이를 되묻게 된다.

잘츠부르크는 말한다. 기억은 청각보다 후각에 오래 남으며, 향기는 보이지 않는 음악이라고. 이곳을 걷는 우리는, 향기라는 감각의 언어를 통해, 모차르트의 음악처럼 투명하고 깊은 내면의 진동을 경험하게 된다.

14. 코펜하겐
휘게와 도시 내면의 향기

 코펜하겐은 북유럽의 간결한 감성이 후각의 언어로 스며드는 도시이다. 덴마크의 수도이자 스칸디나비아 디자인과 복지의 상징으로 알려진 이 도시는, 그 정체성만큼이나 절제된 향기와 정제된 감정의 층위를 가지고 있다. 코펜하겐은 눈부신 향기가 아니라, 마음 깊이 스며드는 '휘게(hygge)'의 냄새를 품은 도시이다.

 '휘게'는 덴마크 사람들이 삶의 질을 설명할 때 사용하는 단어로, '편안하고 따뜻한 분위기', '소박하지만 충만한 시간'을 뜻한다. 이 단어는 후각적으로도 구현 가능하다. 촛불이 타는 향, 따뜻한 커피잔에서 피어나는 스팀, 벽난로의 나무 타는 냄새, 모직 담요에서 풍기는 울 섬유의 향은 모두 휘게의 냄새이다.

코펜하겐의 거리에서는 이 향기를 곳곳에서 만날 수 있다. 고요한 골목의 카페, 중고 서점, 벽돌집의 현관 앞에서 우리는 차분한 휘게 향기를 맡게 된다. 그것은 강렬하지 않고, 의식하지 않아도 몸과 마음에 잔잔하게 스며드는 향이다.

코펜하겐은 전 세계적으로 '스칸디나비아 디자인'의 중심지로 알려져 있다. 그들의 디자인은 단순하지만 기능적이며, 향기 또한 그러하다. 천연 소재와 무향에 가까운 향수, 나무, 섬유, 금속 본연의 향을 유지하는 공간이 코펜하겐의 일상이다.

공공건물이나 박물관, 지하철에서도 우리는 자극적인 냄새보다 자연 재료에서 비롯된 편안한 향기를 접한다. 예를 들어, 덴마크 디자인 박물관에서는 오래된 목재 가구, 리넨 천, 도자기의 잔향이 공간을 채운다. 코펜하겐은 후각적으로 '절제된 미감의 도시'라고 부를 수 있다.

코펜하겐은 자전거의 도시다. 도시 전체가 자전거 친화적으로 설계되어 있으며, 이는 향기의 흐름과도 밀접한 관련이 있다. 자동차보다 자전거가 많기 때문에 대기 중 향기 분자가 깨끗하게 순환되며, 사람들의 체취, 도시의 자연 냄새, 비에 젖은 도로의 향이 그대로 살아 있다. 아침 출근 시간의 자전거 행렬은 커피와 아침 공기, 트렌치코트에 밴 섬유유연제 향이 어우러진 복합적 향기 퍼포먼스이다. 그 향기는 개개인의 삶과 연결되며, 도시의 일상이 후각으로 기록되는 순간이다.

코펜하겐의 대표적 명소인 '니하운(Nyhavn)'은 알록달록한 건물과 운하가 조화를 이루는 항구로, 관광객과 시민 모두의 쉼터다. 여름이면 운하 주변의 생선구이, 노천카페의 커피와 맥주, 바닷바람에 실린 해조류의 향이 섞여 특별한 후각적 경험을 만든다.

한 잔의 맥주와 함께 앉아 있으면, 시간과 향기가 함께 흐르고, 사람들의 대화와 음악, 웃음 사이로 계절이 피어난다. 코펜하겐은 향기를 통해 감정을 담아내는 항구 도시이다.

'블랙 다이아몬드'로 불리는 덴마크 왕립도서관은 건축의 향기와 지식의 향기가 공존하는 장소다. 도서관에 들어서면 새로운 책과 오래된 고서, 잉크, 가죽 표지의 냄새가 층위별로 흐른다.

그러나 이 공간은 놀라울 정도로 '무향'에 가깝다. 이는 덴마크식 공간 철학의 발현이며, 향기 없는 미학이 지향하는 사유의 공간이다. 이 무향의 공간은 오히려 우리 내면의 향기를 일깨우며, 독서라는 몰입 속에서 각자의 감정을 향기처럼 되살려낸다.

코펜하겐에는 도심 곳곳에 녹지가 있고, 정원과 공원이 일상과 자연을 연결한다. '킹스 가든(Kongens Have)'이나 '보타닉 가든'은 시민들이 산책하고 책을 읽으며 햇살을 마시는 공간이다. 그 안에서 우리는 라벤더, 자작나무, 풀잎, 흙냄새 같은 자연의 향기를 온전히 경험할 수 있다.

도시는 생태적 향기의 레이어를 제공하며, 향기의 수준을 통해 건강과 정서를 가늠할 수 있다. 코펜하겐의 정원은 도시와 자연의 조화를 향기로 구현하는 생태 인문학의 현장이다.

　덴마크의 겨울은 길고 어둡다. 해가 짧고 눈과 비가 자주 내리기에, 향기의 감각은 더욱 내면적으로 작동한다. 겨울철 코펜하겐은 촛불과 정적인 음악, 실내 공간의 향기로 채워진다. 향신료가 들어간 전통 쿠키, 카르다몸이 든 차, 벽난로 장작불 냄새가 실내를 채우며, 사람들은 그 향기 속에서 가족과 따뜻한 시간을 보낸다.

　이처럼 향기는 계절의 감정을 반영하며, 겨울의 향기는 외부가 아닌 실내와 마음속 풍경에서 비롯된다. 덴마크 사람들은 향기를 삶의 위로로 삼고, 이 위로는 휘게라는 정서로 축적된다.

　코펜하겐은 향기의 강도가 아니라, 깊이와 조화로 기억되는 도시이다. 이곳의 향기는 절제되어 있고, 침착하며, 무엇보다도 인간적인 리듬을 따른다. 급하지 않고, 화려하지 않으며, 향기조차 자연스럽게 사라졌다가 돌아오는 방식으로 존재한다.

　도시 전체가 향기 철학을 품은 하나의 유기체처럼 움직이고 있다. 후각은 감정을 정돈하는 감각이며, 코펜하겐은 바로 그 정돈된 감정의 향기를 일상 속에서 체화한 도시이다. 코펜하겐은 북유럽의 냉정한 미학 속에서도, 따뜻한 촛불의 향기처럼 조용히 존재를 밝혀주는 도시다. 그 향기는 결코 사라지지 않는다. 우리 삶의 균형을 찾아가는 길목마다, 코펜하겐의 향기는 그곳에 있다.

15. 스톡홀름
백야의 침묵과
스칸디나비아의 향기

 스톡홀름은 향기의 도시이기보다는 '조용한 향기의 도시'다. 스웨덴의 수도이자 발트해와 말라렌 호수가 만나는 지점에 자리 잡은 이 도시는, 계절과 빛의 리듬, 자연과 인간의 공존을 후각적으로 담아낸다. 스톡홀름의 향기는 자연의 리듬에 순응하고, 감정의 깊이를 품은 절제된 레이어로 구성되어 있다.
 스톡홀름의 여름은 백야로 유명하다. 해가 밤 11시까지 지지 않고, 심지어 새벽 2~3시에도 밝음이 남아 있는 이 시기에는, 향기

도 긴 낮처럼 지속된다. 도시의 공원과 정원에는 장미와 라일락이 만발하며, 향기는 햇빛 속에 퍼진다. 이 향기는 대지에서 피어오르는 감정의 파편이자, 북유럽 특유의 침묵 속 고요한 환희다.

반면, 겨울은 빛이 매우 짧다. 이 시기 스톡홀름은 실내 향기의 도시로 변모한다. 나무 벽난로, 전통 빵 시나몬 번(Kanelbulle), 청어 절임(Sill), 그리고 가벼운 스웨덴식 커피 향이 공간을 메운다. 이 향기들은 내면의 계절을 따뜻하게 감싸는 후각의 담요다.

스톡홀름은 14개의 섬(북유럽의 베네치아)으로 이루어진 도시다. 물은 스톡홀름의 본질이며, 이는 향기의 흐름에도 영향을 준다. 조용한 호수 바람, 안개 낀 강가, 뱃머리에서 피어나는 나무 냄새, 부둣가의 향기는 도시 향기의 다층적 구조를 만든다.

이러한 향기는 도시의 정서와 연결된다. 스웨덴 사람들은 외부보다 내면에 집중하는 문화 속에서 자란다. 따라서 스톡홀름의 향기는 자기 성찰적이며, 자연과 도시의 경계에서 탄생하는 감각의 공명이다.

스톡홀름의 향기는 격정이나 향수보다는 명료함과 절제를 추구한다. 스칸디나비아식 향수 브랜드들은 보통 '숲', '비', '물', '돌' 같은 자연의 요소를 추상적으로 담아낸다. 나무껍질, 백단향, 리넨 섬유 등의 노트는 스웨덴의 정서와 같다.

이 향기 미학은 사회적 태도와도 맞닿아 있다. 스웨덴 사회는 '라곰(lagom)'이라는 개념을 중시한다. 이것은 '지나치지 않음', '딱 알맞음'을 뜻하는 단어로, 향기의 영역에서도 라곰은 중심 개념이다. 스톡홀름은 이 균형의 철학을 후각적으로 실현한 도시다. 스톡홀름의 도시는 미니멀리즘으로 이루어져 있다. 무채색의 건축, 단순한 가구 디자인, 여백을 중시한 공간 구성은 향기를 더 명확히 느끼게 한다. 공간이 비어 있을수록, 후각은 더 섬세하게 작동한다.

고요한 미술관, 절제된 북유럽 식당, 고성의 도서관에서 우리는 향기와 침묵이 서로 소통하는 장면을 목격하게 된다. 스톡홀름은 향기와 침묵이 만나 만들어내는 인문학적 도시를 직조한다.

스톡홀름에는 세계적으로 유명한 '실연 박물관(Museum of Broken Relationships)'이 있다. 이곳은 실연, 상실, 이별의 이야기들이 전시된 곳이다. 각 전시물에는 후각적 기억이 묻어 있다. 남겨진 물건의 향기, 사라진 사람의 체취, 가슴에 남은 향수의 잔향 등은 관객의 감정에 파문을 일으킨다. 이 박물관은 스톡홀름의 향기적 성격을 대변한다. 향기는 단순한 쾌락의 요소가 아닌, 감정의 기록이며 회상의 자극제다. 스톡홀름은 감정의 기억을 소중히 여기는 도시이며, 그 기억은 향기로 구성된다.

스톡홀름은 예술의 도시이기도 하다. 현대미술관(Moderna Museet)이나 스톡홀름 콘서트홀에서는 시각과 청각뿐 아니라, 후각도 적극적으로 자극된다. 전시관의 나무 바닥 냄새, 오래된 책자, 색을 입히는 안료의 냄새, 무대 뒤 향수의 흔적은 감각의 협주를 이룬다.

북유럽의 예술은 격정이 아니라, 절제 속의 울림을 추구한다. 이는 향기에서도 그대로 드러난다. 스톡홀름은 정적인 감정의 향기를 품은 도시이며, 예술은 그것을 해석하고 전달하는 수단이다.

스톡홀름은 계절 변화가 뚜렷한 도시다. 가을에는 자작나무의 잎 냄새와 젖은 나무 바닥 향기가 도심을 감싼다. 봄에는 눈이 녹고 진흙과 풀 향이 번져온다. 여름은 백야 속 장미와 베리의 향기로 풍성하며, 겨울은 향신료와 나무 타는 냄새로 채워진다.

각 계절은 향기로운 순간을 저장하며, 스톡홀름 시민들은 그 향기를 삶의 일부로 체화한다. 이는 일상의 서사이며, 도시가 사람의 감정을 향기로 품는 방법이다.

스톡홀름은 북극권에 가까운 위도에 위치한 도시이지만, 그 향기는 따뜻하다. 조용하고 절제되어 있지만, 감정의 깊이를 갖고 있으며, 외부의 화려함보다 내부의 울림을 중시한다. 스톡홀름은 '향기'를 통해 도시를 기억하게 하고, 도시를 통해 향기를 다시 환기시키는 장소다.

그리하여 스톡홀름은 하나의 향기 있는 일기장이다. 빛과 어둠, 계절과 정서, 침묵과 향기, 기억과 예술이 뒤섞여 있는 도시. 이곳의 향기는 북유럽적 감성의 정수이며, 감정이 가장 절제된 형태로 드러나는 후각적 시학이다.

16. 오슬로
피오르드의 정적,
나무의 향기와 북구의 사색

　오슬로는 대서사시가 아닌, 느리게 읊조리는 시와 같은 도시다. 노르웨이의 수도이자 피오르드에 둘러싸인 이 도시는, 북구 특유의 절제된 감성과 자연에 순응하는 인간의 내면을 향기로 품는다. 오슬로의 향기는 숲, 바다, 나무, 침묵, 빛의 파편들로 이루어진 감정의 풍경이다.

　오슬로 피오르드는 바다이지만 내륙의 호수처럼 고요하다. 그 물결은 바위와 산을 스치고, 숲과 도시를 잇는다. 바다는 이 도시에서 강한 존재감을 드러내기보다, 자연의 깊이를 조용히 암시하는 장치다.

바다 내음과 함께 스며드는 나무의 향기. 노르웨이는 나무의 나라다. 전통 주택, 선박, 가구, 예술품에 이르기까지 나무는 삶의 재료이자 정서의 중심이다. 특히 자작나무와 전나무 향은 오슬로 시민들의 후각 기억 속에 오래 남는다.

오슬로는 향기를 통해 사색을 유도하는 도시다. 공원이나 산책길, 공공 도서관, 국립미술관, 오페라하우스 등 일상 공간에서조차 나무와 흙의 향기가 짙게 깔려 있다. 향기는 인공적인 향수보다, 땅의 향기와 사색의 감정을 북돋는 재료로서 자리 잡는다.

도시의 향기는 명상과 닮아있다. 향기로운 커피 한 잔, 벤치에 떨어진 솔잎의 냄새, 어린 시절 벽난로에서 타오르던 나무의 기억. 오슬로의 후각은 현재와 과거를 하나의 감각으로 연결한다.

오슬로는 세계적인 표현주의 화가 '에드바르 뭉크(Edvard Munch)'의 도시다. 그의 대표작 『절규』는 인간 존재의 불안을 시각화한 작품이지만, 그 속에는 후각적 암시도 숨어 있다. 붉은 하늘, 파도치는 피오르드, 흐느끼는 얼굴은 시각뿐 아니라, 감정의 향기를 불러온다.

뭉크의 생가와 뮤지엄에 들어서면, 오래된 나무와 유화물감, 그리고 묵은 종이 냄새가 감지된다. 예술가의 고독과 삶의 결, 그리고 감정의 침잠은 이 냄새들 속에서 살아 숨 쉰다. 오슬로의 향기는 고요하지만, 뭉크처럼 내면을 뒤흔드는 힘을 지닌다.

오슬로의 향수 브랜드들은 흔히 침엽수, 스모크, 백단향, 라벤더 등을 주로 사용하며, 이는 도시의 기후와 지형을 반영한다. 특히 북유럽 겨울의 향기는 단순하고 투명하다.

자연 그대로의 재료를 기반으로 한 향기는 도시와 인간 사이의 긴밀한 감각 연계를 드러낸다. 오슬로는 인간이 자연과 멀어진 도시가 아니라, 자연 안에 살아가는 도시라는 점에서 후각적 철학이 강한 곳이다.

오슬로는 사계절의 변화가 매우 선명한 도시다. 봄에는 야생화와 풀냄새, 여름에는 숲속의 베리와 바람, 가을에는 낙엽과 버섯, 겨울에는 눈과 장작 향이 도시의 공기를 채운다. 각 계절은 후각적 기억의 구획이 되며, 사람들은 향기를 통해 계절을 맞이하고 보내준다.

이러한 향기 경험은 '지속 가능한 후각 감각'을 자연스럽게 교육한다. 오슬로 시민들은 향수를 일시적인 자극으로 소비하지 않는다. 향기는 삶의 리듬과 자연의 질서 안에서 경험되며, 후각도 하나의 윤리로 다뤄진다.

오슬로는 향기로 도시를 기록하게 만드는 힘이 있다. 어느 날의 피오르드 바람, 오후의 침엽수 그림자, 아침의 커피 향, 늦은 밤 눈 위를 걷던 순간까지, 향기는 이 도시를 경험한 이들의 삶 속에 감각의 일기로 남는다.

오슬로, 이곳은 북구의 내면성과 사색의 감정을 향기로 구현한 도시다. 피오르드의 숨결, 나무의 향기, 겨울의 고요함, 뭉크의 절규, 그리고 삶을 돌아보게 하는 사색의 공간. 오슬로는 후각을 통해 인간의 내면을 탐색하게 만드는 도시 인문학의 향기로운 사례다.

3부.

향기 속의 동양, 전통과 현대의 교차점

Asia
Tradition Blended
with the Scent of Change

17. 도쿄
정제된 정적,
무취 속에 숨은 향기의 도시

시부야의 스크램블 교차로를 지나며 느껴지는 향기는 익명의 향이다. 수천 명이 동시에 움직이는 거리에는 향수, 땀, 자동차 배기가스, 전광판에서 퍼지는 오존 냄새, 패스트푸드의 튀김 냄새가 겹겹이 쌓인다. 그러나 이 모든 향은 어느 하나 튀지 않는다. 도쿄의 향기는 '조화로운 혼란' 속에서 균형을 유지한다. 그것은 향기조차 질서를 따르는 도시의 본능이다.

도쿄의 진짜 향기는 외부가 아닌 내부에서 발견된다. 전통 다다미방의 고요한 짚 냄새, 오래된 절의 나무와 향로 냄새, 차실에 울려 퍼지는 녹차의 향기, 그리고 비 오는 날 신주쿠 골목에서 느껴지는 향기. 일본의 '와비사비(wabi-sabi)' 미학은 향기로 구현되며, 도쿄는 그 철학을 후각으로 번역하는 공간이다.

긴자와 오모테산도 같은 고급 상업 지구에서는 정제된 향기가 공간을 지배한다. 고급 백화점의 에센셜 오일 디퓨저, 미니멀한 인테리어에서 풍기는 나무 향, 조용한 엘리베이터 안의 섬세한 향수. 이곳에서 향기는 '기분 좋은 존재감'을 남긴다. 그 향기는 도쿄의 세련됨과 절제된 감정의 표현 방식이다. 너무 강하지도, 약하지도 않은 향. 도쿄의 사람들은 향기를 '간접적 감정표현'으로 사용한다.

하라주쿠나 시모키타자와 같은 젊은 예술 구역에서는 창의적인 향기가 흐른다. 비정형적인 조향 브랜드, DIY 향수, 패션과 조화를 이루는 향기. 여기에선 향기가 정체성을 드러내는 도구이며, 무채색 도시 안에서의 개성이다. 도쿄의 젊은 세대는 향기를 통해 자신만의 세계관을 구축한다. 도쿄는 향기의 실험장이기도 하다.

전통과 현대가 공존하는 아사쿠사, 우에노, 또는 야나카 지역에서는 오래된 향기가 살아 숨 쉰다. 향불과 목재, 생선구이와 된장의 냄새, 골동품과 오래된 책, 빗물이 고인 골목의 흙냄새. 이 도시는 후각적으로 '시간의 적층'이다. 도쿄의 향기는 단순히 공간의 향이 아니라, 시대의 냄새다.

도쿄의 향기 문화는 '인센스(향도)'로 대표된다. 향을 태우고 그 향기를 감상하는 이 전통은 단순한 후각 경험이 아니라 정서 수련이자 철학적 수행이다.

향수 브랜드 SHIRO, Flora Notis, Parfum Satori 등은 일본 특유의 조향 철학을 담아낸다. 히노키(편백), 유자, 매화, 차, 사케, 백단나무 같은 향료는 도쿄를 '무향 속의 다층 향기 도시'로 만든다. 이 향수들은 존재를 부드럽게 드러내며, 강한 자기주장 대신 은근한 잔향을 남긴다.

도쿄의 밤은 한층 더 섬세한 향기로 물든다. 이케부쿠로의 북적임 속 피곤한 숨결, 롯폰기에서의 세련된 향수 냄새, 한밤중의 편의점에서 퍼지는 빵과 우유 냄새, 신칸센 플랫폼에서 나는 철의 향기. 이 모든 향은 도쿄의 고독과 정서를 말없이 전해준다. 이 도시는 향기조차 외로움을 간직하고 있다.

도쿄는 향기를 감추는 것이 아니라, 향기 속에 감정을 숨기는 도시다. 그러나 그 무형의 향기야말로 도쿄의 가장 깊은 정체성이며, 인문학적으로 가장 사유할 가치가 있는 지점이다. 도쿄를 걷는다는 것은, 결국 '향기 없는 향기'를 감지하는 여정이다.

18. 교토
향도의 전통과
정서가 깃든 도시

　교토는 일본 전통문화의 향이 가장 짙게 남은 도시다. 천 년의 고도(古都)로서의 정체성은 단지 건축과 의례에 머물지 않고, 향기라는 비가시적 예술로까지 이어진다. 향도(香道)는 일본의 세 향문화 중 하나로, 교토는 그 정수를 간직한 공간이다. 이곳은 향기를 맡는 도시가 아니라, 향기를 '느끼는 법'을 배워야 하는 도시다.

향도는 차도(茶道), 서도(書道)와 더불어 일본의 전통 미학을 구성하는 예술이다. 1,400년 전, 큰 향나무 조각이 일본 아와지섬 해안에 떠내려왔다. 그 나무에서 나오는 놀라운 향기를 알아차린 섬 주민들이 나무를 황실에 선물로 바치면서 일본의 향 문화가 시작되었다. 향도에서는 향이 내게 올 때까지 기다려야 한다고 가르친다. 호흡을 하다 보면 어느 순간 향기가 나에게 다가온다. 이때 향이 전하는 이야기를 귀 기울여 천천히 듣고 충분히 음미하는 것을 '몬코'라고 표현한다.

향도의 핵심은 '향기 그 자체'보다 '그 사이의 여백'이다. 맡은 후 여운이 남는 시간, 향기가 스며드는 과정 속에서 인간은 자신의 감정을 되돌아보고, 타인의 기색을 민감하게 읽는다. 이는 후각적 감성의 극치다. 교토는 이런 향도의 공간과 철학이 살아 있는 유일한 도시라 할 수 있다.

교토의 향기는 사계절의 변화에 따라 다르다. 봄에는 벚꽃이 날리는 중에 섞인 진달래 향, 여름에는 납량(納凉)을 위한 백단과 물 향기, 가을에는 단풍나무와 구운 은행 열매의 스산한 향, 겨울에는 유자탕의 따뜻한 풍미와 섞인 차 향기까지.

이러한 향기는 자연의 계절성을 감정과 결합시키는 '감성의 계절학'을 구성한다. 향기가 기분을 바꾸는 것이 아니라, 감정이 향기에 녹아들어 시간의 결을 따라 흘러간다. 교토의 향기 문화는 후각을 통해 시간을 기억하는 방법이다.

교토는 천 년의 불교 사찰이 밀집한 도시다. 기요미즈데라, 긴카쿠지, 난젠지, 료안지 등은 향을 피워 공간을 정화하고, 인간과 신성을 잇는 매개로 활용한다. 향은 기도이며, 존재와 존재 사이를 매운다. 향은 시각보다 빠르게 공간을 포착하고, 침묵보다 더 깊은 의사소통이다.

이러한 향기 문화는 일본의 정적 미학과 연결된다. '있는 듯 없는 듯'한 향, '그윽하되 과하지 않은' 향, '마음의 파장을 건드리는' 향은 교토의 향기의 본질이다. 향은 존재의 본질에 가까운 감각이다.

다도와 향도는 교토에서 긴밀히 얽혀 있다. 차를 끓이는 동안 피우는 향은 단지 향기를 즐기는 것이 아니라, 찻자리의 기운을 정제하고, 사람과 사람 사이의 공간을 매만지는 역할을 한다.

향기는 예절의 일부이며, 침묵 속에서 가장 많은 말을 하는 존재다. 일본 특유의 '와(和)' 문화는 향을 통해 완성된다. 교토의 향기는 문화적 커뮤니케이션이며, 정서적 공동체의 기반이다.

기온(祇園)의 밤거리를 걷다 보면, 향초 가게에서 새어 나오는 은은한 냄새, 나무 기와지붕에 밴 햇살과 습기의 내음, 거리마다 놓인 물그릇에 담긴 모기향 냄새 등이 감각을 채운다. 교토의 향기는 자극적이지 않지만, 사라지지 않고 스며드는 향이다.

이는 일본 미학에서 말하는 '여백의 미(間)'와 일치한다. 향기를 직접적으로 내세우지 않고, 배경처럼 두는 방식은 향을 하나의 '공기 속 철학'으로 만든다. 교토는 향기조차도 소리 없이 말하는 도시다.

　여행자는 교토에서 향기로 기억을 만든다. 어느 절의 조용한 아침 향, 노포에서 스쳐 간 향낭의 냄새, 교토역 근처의 백화점 내 향초 코너에서 맡은 블렌딩 향기. 이 모든 것이 그 도시의 정서가 되어 마음에 남는다.

　교토는 '기억을 가장 조용하게 새기는 도시'다. 이곳은 후각으로 기억을 전달하고, 향기로 마음을 위로한다. 교토는 단순히 향이 있는 도시가 아니라, 향을 다루는 '방식'을 문화로 만든 도시다. 이는 후각을 넘어, 존재론적 성찰과 연결된다. 향기는 단지 냄새가 아니라, 시간, 감정, 관계, 사유의 매체다.

19. 방콕
열대의 향신료 향기와
감각의 도시

방콕은 태국의 수도이자, 감각의 모든 층위를 밀도 있게 겹겹이 담고 있는 도시다. 여기서 향기는 단순한 냄새를 넘어 문화, 음식, 종교, 기후, 감정, 정체성의 코드로 작용한다. 땀과 향신료, 꽃과 향, 정적과 혼잡, 찻잎과 사원의 냄새까지. 방콕은 동남아시아의 복합적 감성을 향기로 가장 직접적으로 말하는 도시다.

방콕에 발을 디딘 순간 가장 먼저 마주하는 건 강렬한 향신료 냄새다. 고추, 생강, 레몬그라스, 갈랑갈, 바질, 코코넛 밀크의 향이 골목마다 뒤섞여 있다. 태국 음식은 향으로 먼저 느끼는 감정 요리다.

후각은 감정을 가장 먼저 건드리는 감각이다. 방콕의 음식 향은 단지 배고픔을 자극하는 것이 아니라, 더운 기후 속에서 생존과 활기를 동시에 담아낸다.

방콕은 도시임에도 정글의 향기를 간직하고 있다. 짙은 초록, 나무의 향기와 흙냄새가 동시에 존재한다. 강변을 따라선 자스민과 로터스 향이 피어오르고, 시장에서는 신선한 허브와 열대 과일이 진동한다.

이 도시는 문명과 자연의 후각 경계를 흐린다. 도심의 번잡함 속에서도 갑자기 튀어나오는 정적의 향기, 불교 사원 주변의 향 피우는 냄새는 방콕만의 역설적인 정서를 증명한다.

　방콕에는 수백 개의 불교 사원이 존재한다. 왓 아룬 Temple Of Dawn (Wat Arun), 왓 포 Wat Phra Chetuphon, 방콕 왓 프라깨우 Temple of the Emerald Buddha (Wat Phra Kaew) 같은 사원들은 향을 피워 공간을 정화하고, 인간의 감정을 고요하게 만드는 힘을 지녔다.

　향은 제의적 도구이자 후각적 명상이다. 향을 피우는 행위는 '탐욕과 분노, 무지를 불태우는 일'로 여겨진다. 이 향기 문화는 사람들의 일상 깊숙이 스며들며, 정서적 정화의 상징으로 기능한다.

　방콕의 향기는 항상 정돈되어 있지 않다. 교통체증 속의 땀 냄새, 시장의 어수선한 냄새, 거리 음식의 기름 냄새, 사원의 평온한 향이 모두 공존한다.

그 속에서 사람들은 분주함을 견디며, 혼란을 자연처럼 받아들이고, 향기를 통해 감정의 밀도를 높인다. 향은 방콕의 혼잡을 정서적 풍경으로 바꾸는 매개이다.

방콕 여성들은 머리에 자스민 꽃을 꽂거나, 전통 행사에 자스민 향을 더한다. 자스민은 순결, 고요, 내면의 향기를 상징하며, 어머니날이나 결혼식에 꼭 등장한다.

자스민은 여성성과 감정의 은유이며, 후각을 통해 관계의 감정을 부드럽게 조율한다. 방콕은 이 향기를 도시의 정서로 끌어올려 후각적 커뮤니케이션을 완성한다.

향신료 음식점, 불교 의식, 밤시장, 향초, 마사지숍의 허브오일 냄새, 폭우 후 거리의 습한 향기까지. 방콕은 일상의 풍경마다 후각적 기호를 남긴다.

방콕의 향기는 특정 순간의 감정을 떠올리게 하고, 어떤 시간의 장면을 저장하는 장치가 된다. 향기와 정서의 결합은 도시를 사람의 내부로 이끌어오는 통로다.

방콕은 향기로 존재를 증명하는 도시다. 향이 감정을 대변하고, 향이 삶을 이끌기 때문이다. 후각은 방콕의 생명력이며, 도시 정체성의 촉각적 표상이다.

향기로 방콕을 이해하는 순간, 그 복잡성과 풍요로움, 모순과 평화가 동시에 다가온다. 방콕은 후각의 도시이자, 감정의 도시다. 그 속에서 우리는 가장 진한 인간적인 감각을 만난다.

20. 하노이
커피와 역사
감정이 응축된 도시

하노이는 베트남의 수도이자, '냄새가 기억되는 도시'라는 별칭이 어울리는 공간이다. 향기는 이 도시의 골목, 카페, 역사, 정치, 예술, 사람, 공기, 시간에 침투해 있다. 여운이 오래 남는 커피처럼, 하노이의 향기는 천천히 파고들고, 쉽게 잊히지 않는다. 이 도시를 제대로 이해하기 위해선 눈보다 코를 먼저 열어야 한다.

　하노이를 대표하는 향은 단연코 '에그커피'다. 계란노른자와 연유, 진한 로부스타 커피가 어우러진 이 향은 달콤하고, 쓰고, 묵직하고, 따뜻하다. 하노이 사람들은 카페에서 책을 읽고, 조용히 사색한다.

　하노이의 커피 향기는 하루의 리듬이고, 인생의 한 컷이다. 거리마다 풍겨오는 커피 향은 감정적 DNA를 설명하는 언어다.

　하노이의 공기는 단순히 자연현상이 아니다. 그것은 감정의 입자이자, 역사적 서사의 통로다. 오전의 안개, 오후의 바람, 저녁의 강 냄새는 모두 후각적 풍경으로 읽힌다.

　하노이 시민들은 공기를 마시며 살아간다. 뚜렷한 사계절이 없어도, 날씨에 담긴 향기와 감각은 촘촘히 다른 기억을 소환한다. 냄새 없는 도시가 아니라, 기억과 추억이 가득한 도시다.

수천 대의 오토바이가 쉴 새 없이 달리는 하노이 거리. 배기가스조차도 도시의 향기를 구성하는 일부다. 생선구이, 고기국수, 과일, 꽃, 먼지, 사람, 연료 냄새가 한데 섞인 이 복잡한 향기는 도시의 살아 있는 후각 지도다.

이곳에선 삶이 향기로 폭발한다. 가난과 풍요, 질서와 혼란이 향기의 다층적 구조로 드러난다. 후각은 도시의 삶을 감각으로 번역해주는 해독기다.

하노이의 중심엔 호안끼엠 호수가 있다. 새벽이면 노인들이 태극권을 하며 향을 피우고, 저녁이면 연인들이 벤치에 앉아 침묵의 향기를 나눈다. 이 호수 주변의 공기는 정적 속의 후각이다.

향기는 여기서 정서적 속도를 늦춘다. 호수를 중심으로 한 도시의 감정 곡선은 강렬한 냄새와 대비되는 잔잔함을 품고 있다. 후각은 분주함과 고요함 모두를 기억하는 감각임을 일깨운다.

베트남은 조상을 숭배하는 문화가 강한 나라다. 하노이 가정의 제사상에는 반드시 향이 피워진다. 향은 혼을 부르고, 기억을 잇고, 시간을 연결한다.

향은 후각의 철학이다. 이 냄새는 세대와 세대를 연결하는 영적 메시지이며, 하노이 사람들의 정체성과도 맞닿아 있다. 향을 통해 사람들은 존재의 뿌리를 확인한다.

하노이는 많은 예술가와 작가를 낳은 도시다. 후각은 그들의 창작과 사유에 중요한 뿌리를 제공했다. 거리의 냄새, 사람의 냄새, 역사와 계절의 냄새는 문학적 상상력을 자극했다.

후각은 언어의 그림자이며, 시적 정서의 기원이기도 하다. 하노이의 작가들은 냄새를 단어로 번역했고, 도시를 향기로 기억했다. 후각은 예술을 잉태하는 감정의 전령이었다.

하노이는 베트남 전쟁의 중심 도시이기도 하다. 냄새는 그 전쟁의 흔적을 고스란히 담고 있다. 총기 냄새, 탄 냄새, 연기, 죽음의 냄새는 시간이 흘러도 지워지지 않았다.

하노이는 향기로 존재한다. 그 향기는 단순한 쾌감이 아니다. 땀과 거리, 전쟁과 예술, 가난과 연대, 커피와 침묵, 제사와 정적이 모두 함께 배어 있는 감정의 스펙트럼이다.

이 도시는 코끝으로 이해하는 도시다. 하노이를 기억한다는 것은 곧 향기를 기억한다는 뜻이다. 감정은 후각을 통해 도시에 깃들고, 도시는 후각을 통해 사람의 내면에 도착한다.

21. 홍콩
네온사인과 딤섬의 향기,
자본과 정서의 교차점

홍콩은 '냄새의 도시'다. 고밀도의 자본, 압축된 감정, 역사와 이주의 흔적이 켜켜이 쌓여 존재한다. 홍콩을 제대로 이해하기 위해선 시각보다 후각을 먼저 열어야 한다.

홍콩의 대표 음식인 딤섬은 그 자체로 향기의 미학이다. 찜기에서 퍼지는 고소한 냄새, 간장과 고수의 향, 바삭한 튀김과 증기로 익은 밀가루 냄새는 후각의 축제다. 홍콩 사람들의 정서는 이 딤섬의 향기처럼 섬세하다.

　딤섬은 후각의 언어다. 사랑을 고백할 때, 우정을 나눌 때, 분노를 삭일 때, 사람들은 딤섬을 함께 먹는다. 딤섬의 향기는 도시의 정서를 일상 속으로 안내해 준다.

　홍콩의 밤거리는 네온사인으로 유명하다. 그러나 그 빛은 냄새와 맞물려 있다. 전선이 타는 냄새, 습한 공기, 플라스틱과 금속의 잔향, 인공광 속에 혼재된 후각은 도시의 밤을 감각적으로 번역한다.

　네온은 냄새 없는 빛이 아니라, 감정을 수반하는 후각의 빛이다. 홍콩의 밤은 시각과 후각이 함께 작동하는 복합적 감각의 장이며, 냄새는 도시의 정체성을 강화한다.

　홍콩은 이주민의 도시다. 중국 대륙에서, 영국 식민지에서, 동남아에서, 전 세계에서 사람들이 모여들었고, 각자의 향기를 지니고 왔다. 그 향기는 이제 홍콩의 공기 안에 배어 있다.

영국의 홍차, 중국의 오향, 인도 커리, 일본의 향기 카르텔이 도시를 구성한다. 이주의 정체성이 후각으로 드러나는 도시, 그곳이 바로 홍콩이다.

홍콩은 아시아 향수 산업의 중심지이기도 하다. 대형 면세점, 고급 백화점, 틈새 향수 브랜드가 이 도시를 감싸고 있다. 향수는 단지 몸에 뿌리는 것이 아니라, 정체성을 꾸미는 문화 코드로 작용한다.

자본은 후각을 이용해 사람들의 감정을 조작하고, 향기는 사회적 계급의 상징으로 소비된다. 홍콩의 향수는 냄새의 사치가 아니라, 존재의 경쟁이다. 향기를 통해 사람들은 더 나은 삶을 흉내 내려 한다.

향기는 이 도시의 분노를 기록했다. 향기는 표현하지 못한 감정들의 잔존물이며, 정치적 저항의 정서적 흔적이다.

왕가위 감독의 영화 '중경삼림(重慶森林)' 홍콩 누아르와 사랑 영화들은 향기를 배경으로 삼는다. 담배와 립스틱, 비 오는 날의 젖은 의류와 옥상 정원의 풀 냄새까지… 후각은 홍콩 문화예술의 배경이다.

후각은 감정을 강화하고, 장면을 기억하게 한다. 홍콩은 향기로 인해 더욱 감정적인 도시가 되었고, 그 향기는 예술적 창작의 핵심 도구로 활용되었다.

홍콩의 향기는 이중적이다. 달콤하면서도 씁쓸하고, 기억과 망각이 뒤엉켜 있으며, 화려함과 어둠이 공존한다. 그 향기는 자유의 갈망이자, 자본의 냄새이자, 정서적 긴장의 언어다.

후각은 홍콩의 모든 것을 읽어내는 코드다. 감정, 정치, 계급, 예술, 사랑, 저항이 모두 향기에 녹아 있다.

22. 상하이
카이로스의 시간이
혼합된 도시

상하이는 후각적 타임머신이다. 1920년대의 와이탄(Wai Tan)과 21세기의 푸둥이 공존하고, 재즈 클럽의 담배 냄새와 고층빌딩의 무취가 하나의 도시에서 뒤엉킨다. 상하이를 걷는다는 것은 곧 시간을 냄새로 경험하는 일이다. 향기는 이 도시의 과거와 미래를 동시에 불러낸다.

상하이 와이탄(Wai Tan)은 한때 아시아의 금융 중심지였다. 고딕, 바로크, 아르데코 양식의 건물들에서 나는 석회와 금속의 냄새, 오래된 목재 계단의 향, 낡은 양복의 테레빈유 냄새는 이 도시의 근대를 기억하게 한다.

이 냄새는 제국의 향기이자, 일제와 서구열강의 욕망이 남긴 잔재다. 그러나 그 향기 속엔 중국인들의 저항과 생존의 냄새도 스며있다.

푸둥 신구는 반짝이는 유리빌딩과 냄새 없는 에스컬레이터의 세계다. 하이테크 빌딩, 국제 금융 타워, 쇼핑몰은 냄새를 제거한 냄새로 도시를 디자인했다. 철저한 무향 공간은 도시가 미래로 가는 길을 상징한다.

무향은 이상적인 미래 도시의 상징이자, 인간성과 감정을 제어하려는 사회의 표현이다. 상하이 푸둥은 향기의 부재로 미래를 암시한다.

상하이의 리눙(里弄)은 향기의 보물창고다. 간장과 마늘이 섞인 조리 냄새, 젖은 빨래 냄새, 자전거 바퀴의 고무 냄새, 아침마다 타는 목초의 연기 냄새. 이 모든 것이 정서의 향수로 기억된다.

골목은 무명 도시민들의 감정과 기억이 저장된 장소다. 그 향기는 살아 있는 인간의 체취이자, 도시의 심장 박동이다. 상하이는 고층빌딩과 함께 리눙의 냄새를 품고 있을 때 살아 있다.

상하이는 중국 내 최대의 향수 소비 도시 중 하나다. 프랑스, 이탈리아, 한국, 일본 브랜드가 모두 이곳에 모인다. 향기는 곧 소비이며, 정체성이다. 여성 소비자층의 증가, 젊은 남성들의 퍼스널 브랜딩, 웰빙과 라이프스타일의 결합이 상하이 향수 시장을 견인하고 있다. 향기는 문화 소비의 가장 감각적인 방식으로 기능하며, 도시민의 정서를 반영한다.

상하이는 1920~30년대 재즈의 중심지이기도 했다. 당시 클럽에서 피워지던 담배, 연주자들의 땀, 무대 조명의 탄내, 알코올이 밴 소파의 냄새가 상하이 재즈의 향이었다.

지금은 사라졌지만, 그 향기는 여전히 복고적 콘텐츠와 문화 코드로 돌아오고 있다. 향기는 그 시대를 상기시키는 타임캡슐이다.

상하이에는 향기적 충돌이 일어난다. 향신료 진한 사천요리와 무향의 에어컨 바람, 전통 약재 냄새와 고급 향수의 대비, 향초를 피우는 노인의 방과 디퓨저를 쓰는 Z세대의 방. 이 충돌은 불협화음이 아니라 상하이의 정체성이다. 이 도시는 늘 모순 위에 피어났다. 그리고 향기를 통해 그 모순을 해석해냈다.

당신이 상하이를 기억한다면, 그것은 건물의 외관보다도 골목의 냄새일 것이다. 상하이는 향기로 숨 쉬고, 냄새로 말하는 도시다. 그 냄새는 말로 할 수 없는 도시의 감정을 대신한다.

23. 싱가포르 보타닉가든의 향기

싱가포르. 이 도시의 이름은 깨끗하고 반듯한 고층 빌딩, 철저히 관리된 질서, 그리고 다문화가 혼재한 사회적 구조를 떠올리게 한다. 그러나 향기의 관점에서 바라본다면, 싱가포르는 단순한 미래 도시가 아닌, '후각적 다양성이 농축된 감각 실험실'이다. 이 도시에서는 열대의 향기와 인공적인 공조 시스템, 꽃과 향신료의 풍미, 무취의 청결함이 공존하며 독특한 향기를 나타내고 있다.

　싱가포르를 향기로 기억하기 시작하면, 첫 장면은 단연 '보타닉 가든(Singapore Botanic Gardens)'이다. 150년이 넘는 역사를 지닌 이 열대 식물원은 도심 속 천연 향기의 파노라마다. 세계 최대 규모의 난초 정원(National Orchid Garden)은 싱가포르의 국화인 '반다 미스 조아킴(Vanda Miss Joaquim)'을 중심으로 1,000여 종이 넘는 난초 향기를 품고 있다. 이 난초는 습기와 햇살, 공기 중의 꽃가루 냄새와 어우러지며 '싱가포르다움'을 상징하는 후각적 기호로 자리매김한다.

　보타닉 가든의 향기는 나무, 풀, 꽃, 진흙, 수분, 벌레, 그리고 사람의 냄새가 어우러지는 향기다. 후각은 도시의 본질을 파악하는 또 하나의 문이다. 싱가포르의 식물 향기는 이 도시가 단지 청결한 도시가 아니라, 숨 쉬는 유기체임을 알려준다.

싱가포르의 거리를 걷다 보면 가장 먼저 후각을 자극하는 것은 음식 냄새다. '라우 파 삿 (Lau Pa Sat)' 야시장이나 '맥스웰 푸드센터'에서 느껴지는 그 향기는 단순히 음식의 냄새가 아니다. 말레이식 사테, 인도식 커리, 중국식 볶음요리, 페라나칸 (Peranakan) 전통 음식에 이르기까지, 싱가포르의 음식은 세계 향신료의 향연이다.

다양한 인종과 민족이 살아가는 이 도시에서는 향기 또한 정체성의 교차점이 된다. 냄새는 분열보다 공존을 선택한 도시의 철학을 반영한다. 각각의 향신료는 그 민족의 문화를 상징하지만, 그것들이 함께 공존할 수 있는 후각적 문법을 만들어낸 것이 바로 싱가포르의 향기다.

24. 제주
바람과 귤꽃
향기가 나는 섬

 제주는 '향기'라는 말이 가장 어울리는 섬이다. 오렌지빛 귤꽃이 피는 봄, 바다에서 밀려오는 소금 향기, 현무암이 머금은 흙 내음, 허브와 야생화, 초가집과 한방약초 냄새까지. 이 모든 것이 후각적 제주다.

 봄이 되면 제주 곳곳에는 감귤꽃이 피어난다. 작고 흰 꽃에서 나오는 산뜻하고 달콤한 향은 바람에 실려 마을 전체를 감싼다. 감귤은 제주인들의 생계였고, 귤꽃의 향기는 가족과 생존의 향수였다. 이 향기는 제주의 정체성을 구성하는 가장 중요한 후각 코드다.

 귤꽃 향은 향수로도 개발되었고, 제주 대표 브랜드의 상징이기도 하다. 과수원에 서면 인간은 자연의 일부로 돌아간다. 귤꽃의 향은 상실된 자연성과 순수성을 회복시키는 정서적 매개다.
 제주는 '바람의 섬'이다. 제주 바람은 향기를 퍼뜨리는 매개이다.
 겨울철 북풍 속의 매서운 바람은 현무암 바위와 부딪히고 봄바람은 풀잎과 꽃가루 향을 머금는다. 제주의 바람은 매 순간 새로운 향기를 빚어내는 감정의 작곡가다.
 비 온 뒤 제주의 흙에서 나는 냄새는 일반 도시와 다르다. 화산토의 특수성 때문이다. 특히 현무암 위에 고인 물에서 올라오는 미세한 흙냄새는 무언가를 '기억하게 하는 냄새'로 작동한다.
 이 향기는 '그리움'이라는 정서를 불러오며, 어린 시절 혹은 잊고 있던 본성의 기억을 깨운다. 향기인문학에서 이러한 향은 '원초적 후각'으로 분류된다. 제주에는 이러한 냄새의 기억이 대지에 깊이 각인돼 있다.

제주는 다양한 허브와 약초가 자라는 섬이기도 하다. 로즈마리, 라벤더, 캐모마일, 쑥, 구절초, 백리향 등이 자생하거나 재배된다. 이들은 모두 후각적 치유의 매개체다.

특히 제주의 한방족욕, 허브찜질, 약초 발효욕은 향을 통한 힐링 문화로 발전하였다. 제주는 향기로 치유하는 섬이며, 자연이 인간을 감싸안는 치유의 모델이다.

4부.

자유의 향기, 미주와 오세아니아의 감정 해방

The Scent of Expansion
Freedom, Diversity, and Dream

25. 뉴욕
자유가 피어나는 도시

　뉴욕. 거대한 빌딩의 숲, 혼잡한 거리, 이민자들의 삶, 예술과 금융이 교차하는 이곳은 단일한 정체성을 거부하는 도시이며, 그만큼 복잡하고 겹겹이 쌓인 향기를 지닌다. 뉴욕은 '자유의 과잉이 만들어낸 감정의 향기'다. 그것은 때로는 혼돈이고, 때로는 혁명이며, 무엇보다 생존의 냄새다. 이 도시는 정제되지 않은 향기조차 하나의 언어로 사용한다.

센트럴파크의 아침은 상쾌한 풀 냄새와 커피향기로 시작된다. 그 주변을 걷는 조깅족들의 체취, 강아지의 털에서 나는 비누 향, 그리고 트럭에서 갓 구운 베이글의 고소한 냄새가 뒤섞인다. 계층도, 거리도, 피부색도 이 도시의 향기를 가로막지 못한다. 그것은 자유의 도시가 가지는 강한 정체성이다.

월스트리트에 들어서면 향기는 더욱 날카로워진다. 전자기기의 열기, 에어컨의 인공 냉기, 가죽 구두와 향수, 그리고 금융가의 긴장감에서 풍기는 '권력의 향기'를 구성한다. 뉴욕은 세계의 자본이 교차하는 곳이며, 그만큼 향기 또한 계산적이고 빠르며 복잡하다. 향기조차 전략이고, 냄새조차 협상의 수단이 된다.

브루클린으로 가면 전혀 다른 향기가 펼쳐진다. 독립서점의 낡은 책과 커피, 빈티지 가게의 가죽 제품, 개성 넘치는 바리스타의 오드콜로뉴, 벽화와 그래피티 속 스프레이 냄새. 이곳은 창조의 향기, 일상의 예술이 풍기는 공기가 살아있는 곳이다. 뉴욕의 다양성은 여기서 진정한 향기로 구현된다. 정형화되지 않은 삶의 방식이 자유로운 후각의 언어로 존재한다.

뮤지엄 마일을 따라 이어지는 메트로폴리탄 미술관, 구겐하임, 휘트니 미술관, MOMA 등의 공간은 향기와 시각, 사유와 공간의 교차점이다. 각 미술관의 공기는 다르다. 벽화와 캔버스에서 나는 안료 냄새, 대리석 복도의 차가운 냄새, 보존제를 뿌린 전시물에서 올라오는 화학적 냄새는 이 도시가 '기억을 보존하는 방식'의 일면이다.

이민자들의 발자취가 남긴 음식의 향기도 뉴욕 향기의 본질이다. 차이나타운, 리틀이탈리, 코리아타운, 자메이카 커뮤니티까지. 거리마다 김치찌개의 매운 냄새, 딤섬의 고소한 향기, 커리의 짙은 향, 피자 한 조각의 토마토와 치즈 냄새가 섞인다. 후각은 민족을 구분하지 않고, 오히려 도시의 다채로움을 강화하는 감각이다. 뉴욕은 향기 자체가 민주주의다.

소호와 첼시, 로어이스트사이드 같은 예술 구역에서는 향기가 사운드트랙처럼 도시를 구성한다. 향수 브랜드 Le Labo, Byredo, DS & Durga 등이 이 도시의 감각을 병에 담는다. 우디, 스파이시, 앰버, 시트러스까지. 각각의 조향은 뉴욕이라는 감정의 도시를 추출한 결과물이다. 이 향수들은 도시가 가진 '익명성과 고유성'의 긴장 상태를 조향적 언어로 번역한다.

뉴욕의 밤은 또 다른 향기로 흐른다. 뮤지컬 극장 앞, 택시와 함께 퍼지는 담배 연기, 콘크리트에서 올라오는 아스팔트의 잔열, 루프탑 바에서 흘러나오는 샴페인의 향기. 이 도시의 밤은 정체성을 숨기지 않는다. 불안, 욕망, 낭만, 피로가 동시에 존재하며, 그것은 향기로 증명된다. 뉴욕은 감정을 위장하지 않는 도시이며, 향기조차 정직하다.

이 도시의 향기는 빠르게 사라지는 듯하지만, 오래 남는다. 그것은 잊혀진 향기가 아니라, 내면 깊은 곳에 침전되어 언젠가 되살아날 준비를 하는 감정이다. 뉴욕은 '감정의 저장소'다. 누군가의 첫 이민 생활, 누군가의 이별, 누군가의 꿈, 누군가의 실패. 이 모든 것이 향기로 도시에 각인된다.

뉴욕은 익숙하면서도 낯설고, 고요하면서도 격렬하다. 이 도시의 향기를 기억하는 사람은 단지 뉴욕을 다녀온 것이 아니라, 뉴욕이라는 감정의 리듬에 호흡을 맞춘 사람이다. 그리고 그 향기는 다시금 우리를 이 도시로 이끈다. 자유롭고도 혼란스러운 냄새 속에서 우리는 진짜 삶의 냄새를 맡는다. 뉴욕, 그것은 향기로 살아 있는 도시다.

26. 시카고
재즈와 블루스
낭만의 향기

시카고는 미국 중서부의 심장이다. 바람의 도시로 불리지만, 이 도시는 단순한 기후나 지리 이상의 향기를 품고 있다. 곡물 냄새, 공장 냄새, 재즈 클럽의 담배 연기, 도심 빵집의 구수한 향기, 호숫가의 차가운 바람까지. 시카고는 '소리'와 '냄새'가 리듬처럼 교차하는 후각적 도시다.

시카고는 미국의 곡물 거래 중심지로 성장했다. 미시시피강과 오대호 교차점에 위치한 이 도시는 오랜 시간 밀과 옥수수, 맥주의 도시였다. 빵집에서 새벽에 나는 굽는 냄새는 도시의 하루를 여는 신호이자, 서민 정서의 근원적 향기다. 시카고 노동자 계층의 아침과 희망을 담고 있다. 오늘날에도 시카고 시내에서는 구운 빵과 커피가 아침 출근길 사람들을 감싸며 후각적 공동체를 형성한다.

시카고는 재즈와 블루스의 중심지였다. 1920~30년대 시카고 재즈는 도시 정체성을 규정한 감성적 기둥이었다. 재즈 클럽 안에는 항상 담배 연기와 위스키 냄새가 감돌았다. 그 향은 단지 악기 소리와 함께 있는 것이 아니라, 감정의 리듬과 함께 흘러갔다.

오늘날 클럽 안에선 담배 냄새 대신 향수, 바디로션, 향초의 냄새가 감각을 채우고 있다. 그러나 시카고는 여전히 '향기 나는 음악의 도시'다. 소리는 향과 어울려야 비로소 감정을 가진다.

시카고는 철강과 공업의 도시였다. 기계기름 냄새, 녹슨 금속의 향기, 콘크리트 냄새는 이 도시가 가진 또 하나의 향이다.

도시의 무취는 문명화의 결과이자, 감정 상실의 시작이기도 하다. 냄새 없는 도시에서 사람은 감정 없이 살아간다. 시카고의 일부 지역은 그러한 무취의 공간으로 남아 있다.

시카고의 도심은 초고층 빌딩이 즐비하다. 이들은 시카고 특유의 건축사에서 중요한 위치를 차지하며, 내부 향기마케팅이 적극적으로 이뤄지는 곳이기도 하다. 호텔 로비, 갤러리, 복합쇼핑몰은 각기 다른 방향으로 향기를 디자인하며 후각적 공간 경험을 구성한다.

시카고는 향기의 도시가 아니라 향기 구조의 도시다. 즉, 도시 전체에 향기를 입히기보다는 각 영역이 자신만의 후각 전략을 취한다. 그것이 이 도시가 가진 고유한 향기적 리듬이다.

시카고는 흑인, 라틴계, 아일랜드, 폴란드, 아시아계 등 다양한 민족이 공존하는 도시다. 이들은 각각의 요리 냄새, 주거지의 향기, 종교적 향을 지닌다. 후각은 인종 정체성을 드러내는 감각이며, 도시의 문화층을 수직적으로 구성한다.

후각의 다양성은 시카고가 미국 문화의 축소판임을 드러낸다. 동네마다 향기가 다르며, 그 향기는 단지 음식의 향이 아니라 삶의 리듬, 정서의 강도다.

시카고의 향기는 소리, 구조, 인종, 날씨, 음식, 산업, 강이라는 요소들이 각기 다른 향기적 파편을 이루고 있다. 그 파편이 서로 부딪히며 감정의 리듬을 만들어낸다.

27. 로스앤젤레스
팜트리와 햇살의 향기

　로스앤젤레스(Los Angeles), 약칭 LA는 '천사의 도시'라는 이름처럼 아름다움과 환상이 공존하는 도시다. 그러나 이 도시는 단지 할리우드의 영화만이 아니라, 향기로도 인간의 욕망과 정서를 보여주는 감각적 무대다.

　LA의 햇살은 후각적으로 따뜻한 향기를 동반한다. 이 도시 특유의 건조한 공기와 밝은 햇살은 인간에게 힐링을 제공한다. 팜트리에서 나는 은은한 수액 냄새, 잔디와 바닷바람이 뒤섞인 향기는 정서적 안정을 유도한다.

햇빛의 향기는 실제로 존재하지 않지만, 인간은 특정 온도와 기압, 습도에서 향기를 감지한다. LA의 향기는 그러한 기후 조건에 따라 '행복한 착각'을 유도한다. 즉, 좋은 날씨는 좋은 감정을, 좋은 감정은 좋은 향기를 기억하게 한다.

도시 곳곳에 늘어선 팜트리는 LA의 상징이다. 그러나 이 나무는 원래 캘리포니아 토종이 아니다. 식민지 시대 스페인 사제들이 심은 종려나무로부터 시작된 이 식생은, 오늘날 도시의 이국성과 이방 정서를 상징한다.

팜트리에서 나는 향기는 미세하지만, 그 시각적 인상이 사람들의 후각을 자극한다. 햇빛에 바랜 나무껍질, 낮은 습도 속의 건조한 수액 냄새는 '도시에 존재하는 이국성의 정체'를 후각으로 인식시킨다.

LA는 다문화 도시다. 특히 멕시칸 커뮤니티가 강력한 후각적 정체성을 형성하고 있다. 타코, 부리또, 양파와 고수, 칠리의 향이 좁은 골목을 가득 채운다.

이 냄새들은 단지 음식의 향기가 아니라, 문화와 역사, 정체성과 연결된 감정적 후각이다. 멕시칸 음식 냄새는 LA 시민 모두에게 특정한 감각적 코드를 남긴다. 그것은 타문화에 대한 동경이다.

산타모니카 해변, 베니스비치, 말리부 등은 LA의 시각적 아이콘이지만, 그 후각은 의외로 강하다. 바닷물 냄새, 젖은 모래, 선크림, 그리고 바비큐 냄새가 해변에 퍼진다. 특히 해 질 무렵의 일몰은 빛과 바람은 감각을 자극한다.

이 시간대의 후각은 정적이지만 깊다. 인간은 해 질 녘에 가장 감정이 무르익으며, 그때의 냄새를 '그리움'으로 기억한다. LA의 바다 향기는 단지 해변의 향기가 아니라, '감정의 저녁'이다.

LA는 향수 마케팅에서도 중요한 도시다. 아리아나 그란데 - R.E.M. Cherry Eclipse Eau de Parfum (2025), 카일리 제너 - Cosmic 2.0 Eau de Parfum (2025), 패리스 힐튼 - ICONIC Eau de Parfum (2025), 빌리 아일리시 - Your Turn Eau de Parfum (2025), 카일리 제너 - Cosmic Eau de Parfum (2024), 비욘세 - Cé Noir Eau de Parfum (2023-2024), 셀레나 고메즈 - Rare Beauty Find Comfort / Awaken Confidence 미스트 (2024), 리아나 - Fenty Eau de Parfum (2021 이후 지속 판매) 등 유명 배우와 뮤지션들은 자신만의 향수를 런칭하고, 그것을 정체성의 일부로 활용한다.

셀럽의 향기는 일종의 '자기 연출된 후각의 연극'이다. 즉, 향기는 이 도시에서 또 다른 커뮤니케이션 수단이다. 말 대신, 이미지 대신, 향기로 말하는 존재들이 LA를 가득 채우고 있다.

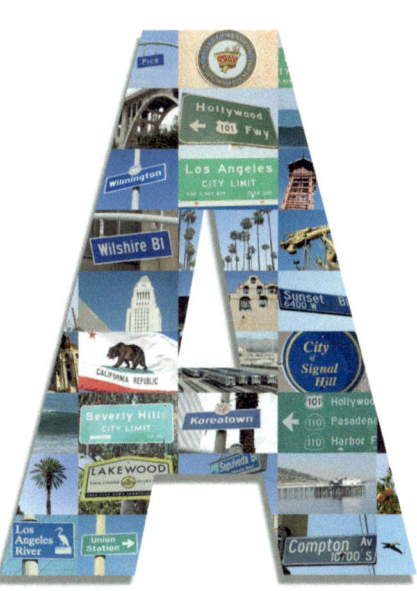

4부. 자유의 향기, 미주와 오세아니아의 감정 해방　125

28. 밴쿠버
침엽수 피톤치드의 향기

캐나다 서부의 해안 도시, 밴쿠버는 도시와 자연이 조화를 이루는 희귀한 사례로 주목받는다. 이 도시는 단순한 친환경 도시를 넘어서, 향기의 풍경 속에서 인간의 감정을 조율하는 생태적 도시 감각을 보여준다. 밴쿠버의 향기는 침엽수의 수지 향, 바닷바람의 염기, 도시 정원의 풀냄새가 절묘하게 섞여 있다. 이는 단순한 후각 경험을 넘어 감정의 안정과 삶의 지속 가능성에 대한 후각적 성찰을 불러온다.

밴쿠버를 대표하는 향은 단연코 침엽수림에서 오는 피톤치드 향이다. 이 도시 주변에는 스탠리 파크와 같은 울창한 원시림이 존재하며, 그 안에서 수지가 풍부하게 퍼져 있다. 이 향은 인간의 긴장을 완화시키고 심리적 회복을 유도하는 효과로 잘 알려져 있다.

산책할 때마다 코끝에 닿는 가문비나무와 전나무의 향기는 정신적인 맑음을 제공하며, 밴쿠버 시민들의 삶에 무의식적인 정서 안정 요소로 작용한다. 밴쿠버는 태평양과 접해 있다. 시내를 걷다 보면 조수의 흐름, 바람의 방향, 해양 식물의 냄새가 끊임없이 사람을 감싸안는다. 염분이 섞인 공기, 해초의 미세한 비린내, 젖은 모래의 냄새는 정서적으로 정화 효과를 유발한다.

후각은 기억과 깊이 연결된다. 바다 냄새는 유년기의 기억, 여행의 순간, 감성의 회복과도 맞닿아 있다. 밴쿠버는 이처럼 사람의 감정을 자연스럽게 치유하는 '바다의 향기 도시'다.

밴쿠버는 카페 문화가 발달한 도시 중 하나다. 독립형 로컬 카페들이 추출해내는 깊은 커피 향(카페 Mah, nemesis)은 도시의 향기 코드다. 도심을 자전거로 누비는 시민들이 들고 있는 텀블러 속 커피 향기는 이 도시가 추구하는 자유로운 일상의 상징이다.

밴쿠버는 원주민 퍼스트 네이션(First Nations)의 영성과도 연결되어 있다. 원주민 문화에서 향은 정화, 치유, 기도, 자연의 소리와 하나 되는 수단이었다. 세이지(Sage), 시더(Cedar), 스위트그래스(Sweetgrass) 등은 영적 의식에서 사용되었고, 그 향기는 지금도 일부 지역에서 살아있다.

이러한 향들은 도시의 역사적 맥락을 떠올리게 하며, 뿌리와 연결된 후각 정체성으로 작동한다. 밴쿠버는 근대 도시임에도 불구하고, 과거의 향기를 품고 있는 도시다.

가을이 되면 도시 전체가 단풍으로 물든다. 이때의 향기는 낙엽의 부패 냄새와 차가운 공기가 결합된 냄새로, 정서적 회상의 향기를 유도한다. 겨울에는 눈 내린 공원의 고요한 냄새, 봄에는 벚꽃과 나무 수액의 냄새, 여름에는 시장의 블루베리, 라즈베리 등 산과일의 향기로 도시가 풍성해진다.

밴쿠버의 향기는 이렇게 계절과 감정을 동기화하며 인간의 감각 기억을 충전한다. 밴쿠버는 생태도시를 선언한 이후 도시계획에서도 후각을 고려하기 시작했다. 도시 숲 조성, 커뮤니티 정원 확장, 녹색 지붕 등은 향기를 도시 구성 요소로 삼으려는 실천이다. 이는 단순한 미관을 넘어 감정 치유 도시로의 도약이다. 냄새는 도시의 기억을 만들고, 그 기억은 정서적 안정감을 유발하기 때문이다.

우리는 밴쿠버의 향기를 통해 단지 좋은 도시를 넘어, 좋은 삶을 상상하게 된다. 이 도시는 인간의 감정을 어루만지고, 감각을 통해 존재의 본질을 상기시킨다. 그것이 바로 밴쿠버가 지닌 향기의 철학이다.

29. 부에노스아이레스
탱고의 숨결과
와인의 향기

    남미의 심장이라 불리는 부에노스아이레스는 감정의 도시다. 이곳의 향기는 정열, 슬픔, 그리움, 혁명, 예술이 혼합된 감정의 결정체이다. 탱고의 리듬에 몸을 맡기는 순간, 와인의 풍미가 공간을 감싸고 부에노스아이레스는 그 자체로 후각의 문학이 된다.
    부에노스아이레스의 상징인 탱고는 고독한 심장이 다른 심장과 부딪혀 울리는 감정의 충돌이다.

탱고홀인 밀롱가에서는 바닥에서 나무 마루의 마찰 냄새, 탱고 슈즈에서 나는 가죽 향, 어깨에 기대선 연인의 체취까지 섞여 묘한 후각적 감정을 자아낸다. 부에노스아이레스의 향기는 이처럼 '인간적인 향기'이며, 사람과 사람 사이의 거리만큼이나 친밀하다.

아르헨티나는 세계적인 와인 생산국이다. 부에노스아이레스에는 안데스산맥에서 온 말벡(Malbec) 와인이 도시의 후각 언어로 존재한다. 이 와인의 풍미는 자두, 블랙베리, 민트, 흙냄새가 복합적으로 얽힌 향이다.

아사도(Asado)라 불리는 전통 바비큐는 소고기, 장작불, 기름, 허브, 연기, 그리고 사람들의 웃음소리로 완성된다. 이 음식의 향은 도시 전체를 감싸고, 공동체적 감정의 향기를 만들어낸다. 부에노스아이레스는 '고기의 도시'이기도 하며, 그 향은 거칠지만 따뜻하다.

산 텔모 지구는 식민지 시대 건축물로 유명하다. 오래된 벽돌과 회벽, 창틀 사이로 배어 나오는 습기, 낡은 나무문에서 나는 곰팡이와 먼지 냄새는 이 도시의 역사를 후각으로 말해준다.

팔레르모 지구에는 향기로운 꽃시장들이 즐비하다. 자스민, 라벤더, 로즈마리, 오렌지블라썸의 냄새는 도시 여성들이 자주 뿌리는 향수와도 연결된다. 라틴계 여성 특유의 농밀하고 화사한 향수는 이 도시의 정열적 정체성과 겹쳐진다.

여기서 향수는 패션이 아니라 감정의 확장이다. 후각은 자기표현이자 존재감이며, 사회적 거리 조절의 언어다. 부에노스아이레스는 향수로 말하고 향수로 기억되는 도시다.

이 도시는 정치적으로도 파란만장한 기억을 지니고 있다. 5월 광장의 어머니들, 군부독재와 실종자들, 그 거리의 절규는 지금도 '향기 없는 기억'으로 남아 있다. 가슴을 누르는 듯한 역사의 고통이다.

그러나 동시에, 시민들이 들고 있는 흰 꽃, 추모의 장미는 향기로운 기억으로 다시금 부활한다. 향기는 이처럼 감정의 재해석을 가능하게 하며, 도시의 집단 기억을 품는다.

부에노스아이레스의 향기는 이원적이다. 낮의 태양과 밤의 네온, 불꽃과 눈물, 사랑과 이별, 포도주와 커피, 춤과 침묵. 이 모든 감정이 하나의 후각 구조로 결합되어 있다. 탱고가 그렇게 '웃는 얼굴로 우는 춤'이듯이, 이 도시는 '향기로운 고독'을 품는다.

부에노스아이레스는 정열과 향기가 만나 감정의 문장을 쓰는 도시다. 우리는 이 도시의 향기를 통해 진한 삶, 진한 사랑, 그리고 진한 자기 존재를 감각하게 된다. 그것이 바로 이 도시가 향기로 기억되는 이유다.

30. 멕시코시티
삶과 죽음의 향기

 멕시코시티는 삶과 죽음, 신성과 속됨, 신화와 일상이 겹쳐진 후각적 도시다. 향기의 문을 열면, 멕시코시티는 제단 위의 꽃향기, 거리의 향신료, 신전의 향과 더불어 감정을 자극하는 도시적 에세이가 된다.

 멕시코시티의 가장 대표적인 향기는 아마도 '죽음을 기억하는 꽃'에서 비롯된다. 매년 11월 1일과 2일, 죽은 이들을 기리는 명절 '디오스 데 로스 무에르토스(Día de los Muertos)'에는 금잔화(마리골드)의 향기가 도시를 가득 채운다.

이 꽃은 죽은 자들이 다시 돌아올 길을 안내하는 역할을 하며, 그 짙고도 따뜻한 향은 이 도시 전체를 감정적으로 진동시킨다. 향기는 애도이자 환영이고, 추억이자 축제다. 이 도시에서 향기는 죽음을 잊지 않게 해주는 후각적 애도 문화의 상징이다.

멕시코시티의 길거리는 후각의 축제장이다. 타코, 케사디야, 엘로테(옥수수), 부리토에서 뿜어져 나오는 칠리, 고수, 양파, 라임, 콘의 향기들이 도시 전역을 감싸며, 이 향기들은 도시민들의 정서적 일상으로 파고든다.

향신료는 단순히 음식이 아닌 감정의 언어다. 맵고 자극적인 향은 그들의 뜨거운 삶, 고단함, 생존의 감정을 표현한다. 이 도시의 향기는 강렬한 삶의 농도를 증명한다.

도시 외곽의 고대 유적 테오티우아칸은 사라진 문명의 냄새를 간직하고 있다. 그곳엔 향나무, 몰약, 머스크 같은 성스러운 향이 피워졌던 흔적이 있고, 향은 제사와 통치의 일부였다.

고대인들은 향을 통해 신에게 접근했고, 냄새는 종교적 매개체이자 사회적 계층의 상징이었다. 멕시코시티의 향기는 단절된 문명의 흔적이 아니라, 지속적으로 살아 움직이는 신화의 후각이다.

예술가 프리다 칼로는 이 도시의 여성 정체성을 대표한다. 그녀의 일기와 초상, 그림 속에는 항상 꽃이 있고, 향기가 있다. 그녀는 육체적 고통을 꽃향기로 덮었고, 향수는 자기표현의 마지막 보루였다.

프리다의 삶은 피와 장미, 고통과 관능이 함께 존재하는 향기로운 저항의 삶이었다. 멕시코 여성들은 여전히 향수로 자신을 설명한다. 장미, 머스크, 금잔화, 시나몬 등 그들의 향은 고통을 잊지 않고 기억을 길게 남긴다.

멕시코시티는 고지대에 위치해 있어 때때로 공기가 무겁다. 배기가스, 먼지, 소음, 시장의 냄새, 채소 더미, 꽃다발…. 그 혼재된 후각의 질감은 이 도시를 후각의 콜라주로 만든다.

그 혼란스러운 복합성이야말로 멕시코시티의 삶을 구성하는 리얼리티다. 도시의 공기는 감정의 농도다.

멕시코시티는 천주교 문화와 원주민 전통이 혼합된 도시다. 향은 천주교의 미사, 묵주, 교회당에서 쓰이는 동시에, 주술적 행위와도 연결되어 있다.

향은 믿음, 두려움, 보호, 그리고 사랑이다. 이 도시에선 향이 성스러움과 속됨, 고상함과 저열함 사이를 유영한다. 이는 멕시코 특유의 감정 문화, 이중 감정 구조를 드러낸다.

이 도시는 죽은 자의 기억을 꽃향기로, 살아 있는 자의 감정을 향신료로, 여인의 저항을 향수로, 그리고 문명의 흔적을 향으로 품는다.

멕시코시티는 향기로 살아 있는 기억의 도시이며, 죽음과 삶이 공존하는 감정의 공간이다. 향기 인문학적으로 보았을 때, 이 도시의 냄새는 삶의 진정성과 맞닿아 있다.

31. 시드니
해풍과 유칼립투스, 자유의 향기를 품은 항구 도시

 시드니는 햇살과 바람, 파도와 잎사귀의 냄새가 겹쳐, 시드니는 인간의 자유와 자연의 감각이 교차하는 후각적 무대를 연출한다. 이 도시는 단순한 항구 도시가 아니라, 후각을 통해 자유와 공존을 연출하는 감성 도시다.
 시드니의 시드니다움을 가장 먼저 감각적으로 환기시키는 향은 바다와 해풍의 냄새다. 서큘러 키(Circular Quay)와 달링 하버(Darling Harbour), 본다이 해변(Bondi Beach)의 바다향기는 시드니 시민들의 일상과 감정을 구성한다.

해풍은 곧 자유다. 유럽에서 도망쳐온 죄수들의 망명지이자 새로운 출발의 상징인 이 도시는, 바다의 냄새를 통해 과거의 굴레를 씻고 미래로 나아가려는 인간의 감정을 말해준다.

시드니에서 가장 뚜렷한 식물성 향은 유칼립투스(Eucalyptus)다. 이 식물은 시드니 외곽의 내셔널 파크, 거리의 가로수, 심지어 병원과 방향제에도 널리 사용된다. 유칼립투스 향은 청량하면서도 깊고, 생기 있으면서도 정화적인 냄새를 지닌다.

유칼립투스의 향은 오스트레일리아 대륙 고유의 정체성과 연결되며, 이민과 다문화 속에서 시드니 시민들에게 일종의 후각적 고향을 제공한다. 이는 문화적으로 고립되거나 복잡한 정체성을 가진 개인들에게 자연과 연결된 안정감을 준다.

오페라하우스의 공연이 시작되기 전 긴장감, 커튼 향, 무대의 조명 열기, 배우의 향수, 커피와 샴페인의 냄새…. 공연장에는 복합적인 감정과 향기가 존재한다.

그 공간 안에는 문화와 예술, 열망과 집중, 기대와 설렘이 결합된 후각적 긴장감이 흐른다. 이는 시드니의 예술 정신이 후각을 통해 인식되는 방식이기도 하다.

시드니의 땅 아래에는 아보리진(Aboriginal)의 향이 흐른다. 이 원주민들은 향신료, 허브, 나무껍질, 연기 등을 이용해 치유, 기원, 공동체 행위를 이어왔다. 이들의 문화는 향을 단순한 냄새로 보지 않았다. 그것은 정신과 존재의 접속 매체였다.

현대 시드니는 이러한 향의 전통을 일상의 다양한 장소에서 재현하고 있다. 축제, 명상 프로그램, 향기 테라피, 원주민 박물관 등에서 후각은 역사와 정체성을 복원하는 통로가 된다.

시드니는 인도, 중국, 레바논, 한국, 일본 등 수많은 이민자가 살아가는 도시다. 그들의 주방에서 피어나는 다양한 향신료와 음식 향기는 시드니의 후각 지도를 풍요롭게 만든다.

한 거리에서는 버터치킨과 커리의 향기가, 다른 골목에선 타코와 아보카도의 냄새가 난다. 이 복합성은 다문화 감정의 충돌과 공존을 후각적으로 증명한다.

시드니의 냄새는 쾌활함과 해방감을 지닌다. 향기는 날씨와 결합하여 인간의 정서를 조율한다. 이는 후각적 계절성과 감정의 관계를 보여주는 사례다.

시드니 게이퍼레이드, 비비드 시드니(Vivid Sydney) 같은 축제에서는 향기도 일종의 정체성과 표현의 언어가 된다. 향수, 땀, 조명, 음식, 거리의 스프레이, 무대에서 분사되는 인공 안개… 이 모든 냄새는 도시민의 감정을 흔들고, 공감각적 기억을 형성한다.

향기는 시드니를 '보는 도시'에서 '느끼는 도시'로 만든다. 그것은 감각적 도시성과 창조성의 증거다.

시드니는 세계에서 가장 '공기 좋은 도시' 중 하나로 손꼽힌다. 해풍과 유칼립투스, 커피와 햇살, 예술과 신화가 혼합된 향기는 시드니의 실체를 드러내고, 그 도시에 사는 사람들의 감정과 기억을 설계한다.

향기로 시드니를 걷는다는 것은, 자유와 다양성을 감각적으로 살아내는 일이다. 시드니는 바로 그런 도시다.

32. 호놀룰루
파도와 꽃의 향기

하와이의 수도 호놀룰루는 인간이 후각을 통해 평화와 감정을 회복하는 영혼의 정원이다. 호놀룰루에는 전통과 현대, 감각과 정서가 꽃향기와 파도 냄새로 교차한다. 이 장에서는 하와이의 향기 세계를 도시의 정체성과 감성적 지형으로 조명하고자 한다.

하와이의 상징적인 향은 단연 플루메리아(plumeria)다. 부드러운 바닐라와 열대 과일 향이 섞인 이 꽃은 하와이 여성들이 귀에 꽂고 다니는 꽃이며, '환영'과 '존재감'을 뜻한다. 하이비스커스는 또 다른 향기의 주인공으로, 시원하고 이국적인 플로럴 향을 지니며 하와이 주의 공식 꽃이기도 하다.

이 두 꽃의 향은 공항에서부터 느껴진다. 관광객에게는 이 향이 곧 하와이의 정서적 시작이며, 현지인에게는 향기 그 자체가 '집'의 기억을 환기시킨다.

호놀룰루는 바다에 의해 기억된다. 와이키키 해변의 해풍, 썰물과 모래, 서퍼들의 왁스 냄새, 바닷가 식당에서 풍겨오는 생선구이와 그릴 향기. 이 모든 것은 하와이의 리듬을 만들어낸다.

파도의 향기는 고요한 낮과 야성적인 밤을 후각적으로 구분한다. 특히 밤의 파도 냄새는 깊고 진하며, 인간의 내면에 무의식과 회복을 불러일으킨다.

하와이는 '알로하(Aloha)'라는 말로 대표된다. 이 인사말은 삶의 태도이며, 향기로 구현된다. 알로하 정신은 향기와 함께 작동한다. '알로하'는 상대에게 향기로운 꽃목걸이를 걸어주는 행위로 표현되며, 이는 후각적 언어로서의 환대다.

하와이에서는 향기가 인간관계의 기본 정서를 구성한다. 타인을 향기롭게 맞이하는 행위는 곧 문화의 중심 철학이다.

하와이 원주민들은 향기를 치유와 신성의 수단으로 삼았다. 쿠쿠이 나무의 오일은 피부 치료용으로, 코아 나무는 악기나 도구 제작에 쓰였고, 약초와 연기는 종교의식에 활용되었다. 향은 단순한 후각 경험이 아니라 생존과 연결의 감정적 코어였다.

현대 호놀룰루는 이 전통을 다양한 방식으로 계승한다. 향기 제품, 향신료 축제, 전통 마사지, 플로럴 테라피, 아로하 센터 등에서 후각과 정체성의 재구성이 이루어진다.

호놀룰루는 파인애플, 망고, 패션후르츠, 코코넛, 바나나 등의 향기가 공존하는 도시다. 농장에서 직배송된 과일들은 마트에서조차 깊고 풍부한 향을 뿜어낸다. 하와이 음식, 특히 포케(poke), 칼루아 피그(Kalua pig), 로미로미 연어는 불과 연기, 과일, 해산물 향이 겹친다.

호놀룰루의 바람은 '무향'이 아니다. 맑고 선선한 바람 속에는 꽃과 바다, 나무와 인간의 흔적이 섞여 있다. 이 바람은 감정을 씻고, 긴장을 해소하고, 인간의 기억을 재배치하는 기능을 한다.

바람을 통해 향기는 퍼지고, 사람은 자신의 자리를 다시 찾는다. 이것이 하와이가 치유의 공간으로 여겨지는 후각적 이유다.

호놀룰루는 도시 그 자체가 향기로운 공간으로 설계되어 있다. 거리 곳곳에 꽃이 심어져 있고, 바닷바람이 통과하는 건물 구조, 전통식 수공예 상점과 향기 박물관, 호텔의 로비마다 놓인 꽃장식은 후각의 도시 경험을 구성한다.

하와이 정부는 향기와 환경을 도시 마케팅 요소로 활용하며, 이는 감정 중심의 관광 정책과도 맞닿는다.

이 도시는 휴양지이면서 정서적 회복소다. 후각은 그 회복의 첫 관문이며, 향기로운 낙원은 그저 보기 좋고 사진이 잘 찍히는 장소가 아니라, 정서와 기억을 재건하는 후각의 낙원이다.

5부.

명의 기원과
향기의 철학

Origins of Civilization
Fragrance as Memory and Ritual

33. 카이로
향유와 모래,
문명의 첫 숨결이 피어난 도시

　카이로는 인간 문명의 태동을 상징하는 도시다. 이집트의 수도이자 아프리카와 아라비아의 접점에 선 카이로는 피라미드의 돌가루 냄새, 향유의 관능, 나일강의 습윤한 바람이 공존하는 향기의 고대 아카이브다. 이 장에서는 인류 최초의 정서가 향기와 함께 어떻게 기록되었는지를 살펴본다.

카이로의 대표적 향기는 고대부터 사용되어 온 '미르(Myrrh)'와 '프랑킨센스(Frankincense)'다. 미르는 고대 이집트에서 미라 제작 시 방부 처리제로 사용되었고, 프랑킨센스는 신과 소통하는 향으로 종교의식에 사용되었다.

이 향기들은 신성함을 뜻하는 것이 아니라, 삶과 죽음, 기억과 경외의 감정을 포괄하는 냄새였다. 이집트는 인간이 죽음을 향기와 함께 맞이하고, 다시 삶을 상상하게 한 정서의 발상지였다.

카이로의 향기는 도서관과 박물관에서도 발산된다. 고대 파피루스에서 풍기는 건조한 종이 냄새는 인간의 기록 본능을 자극한다. 향기로운 기록은 기억의 외피였고, 파피루스에 기록된 문자 위엔 향유가 묻어 있었다. 냄새는 곧 신성한 지식의 기호였고, 이집트의 글은 향기 속에서 살아 숨 쉬었다.

카이로의 수크(시장)에서는 커민, 시나몬, 카르다몸, 사프란, 자타르 같은 향신료 냄새가 흐른다. 특히 칸 엘 칼릴리 시장은 향기의 미로다. 햇살, 천과 향신료가 엉킨 복합적인 후각 체계는 카이로의 정체성을 구성한다.

고대 이집트는 인류 최초의 향수 제조국이었다. '키피(Kyphi)'는 16가지 이상 향신료와 재료를 섞은 혼합 향으로, 제사장과 왕족만이 사용했다. 이 향은 단지 냄새가 아니라, 기도, 꿈, 명상, 기쁨, 치료의 복합 언어였다. 향을 통한 소통은 이집트 정신세계의 정수였으며, 이는 오늘날 향기치료와 아로마테라피의 시초로도 여겨진다. 이집트의 향기는 정서의 근원으로 작용했다.

카이로의 감정적 후각은 '나일강' 없이는 완성되지 않는다. 강가를 따라 흐르는 물비린내, 어부의 손에 묻은 비늘 냄새, 뱃사공이 부르는 노래와 어우러진 바람.

이 냄새들은 인간이 물과 연결될 때 느끼는 존재의 원형적 감정을 일깨운다. 삶의 기원은 물이었고, 물은 곧 향기의 습도였다. 나일강의 냄새는 삶에 대한 감각적 기억을 자극한다.

고대 파라오는 향기를 통해 신성과 권력을 동시에 표현했다. 황금 마차에는 꽃잎이 뿌려졌고, 의복에는 유향이 스며들었으며, 궁전 복도에는 향을 피우는 노예들이 배치되었다.

향기는 파라오의 정치적 언어였고, 지배자는 후각을 통해 공간을 지배했다. 냄새는 위계와 통제를 시각보다 더 은밀하게 수행하는 수단이었다.

현대의 카이로는 매연과 향유, 향신료와 디젤 냄새가 뒤섞인 감정적 혼성이다. 거리에서는 구운 낙타고기, 민트차, 낡은 벽의 석회 냄새가 난다.

이 향기들은 도시의 정신이 여전히 혼재되어 있음을 보여준다. 고대와 현대, 경건과 욕망, 질서와 무질서가 후각적 감각 속에서 공존한다.

향기의 도시 카이로는 감정과 향기를 연결해 온 문명의 내적 흐름이다. 향기는 시간을 잇는 끈이며, 인간이 처음으로 감정을 인식하고 언어화한 후각적 기호였다.

카이로에서 우리는 향기를 통해 인류의 감정적 뿌리를 본다. 그리고 후각의 시간여행을 통해, 우리는 다시금 '처음'을 기억하게 된다. 카이로는 그렇게 인간의 첫 숨결이 향기로 피어난 곳이다.

34. 두바이
머스크와 금의 향기,
미래와 전통이 교차하는 사막의 도시

　두바이는 고층 건물과 화려한 부의 상징을 넘어서, 향기라는 정서적 요소로도 독특한 도시이다. 모래와 머스크, 향신료와 우드, 기술과 전통, 경배와 욕망이 공존하는 이곳은 현대의 감정도시이자, 아랍 문화의 후각적 수도다.

　두바이를 대표하는 향은 '머스크(Musk)'다. 이는 고대부터 아랍 문화에서 남성과 권력의 향기, 결혼과 의식의 냄새로 사용되어왔다. 머스크는 강렬하면서도 부드럽고, 지속적으로 남아 감각을 자극한다.

두바이의 머스크 향기는 자기 존재의 각인이자, 도시의 정체성을 후각적으로 부여하는 문화의 산물이다. 현대적으로는 섬세한 화학적 머스크가 개발되어 여성용 향수에도 보편화되었지만, 원형의 정서는 여전히 '장엄함'과 연결된다.

'오우드(Oud)'는 아랍 세계에서 신성한 향기로 통한다. 나무 수지에서 추출된 오우드는 종교의식과 집안 행사, 손님 환영 시 사용되며, '바쿠르'는 집 안에서 향을 피워 공간을 정화하는 전통이다.

이 향기들은 단순한 탈취가 아닌, 정서적 청결과 환대의 상징이다. 바쿠르를 피운다는 것은 손님을 향기로 맞이하는 감정 의례이며, 이는 현대 아랍 인테리어 문화에도 여전히 이어진다.

두바이의 '골드 수크(Gold Souk)'는 실제 금 냄새가 나지 않지만, 금속과 향수의 혼재된 분위기는 후각적 상상력을 자극한다. 수크에서는 흔히 사프란, 로즈워터, 자타르 등 향신료와 허브의 냄새가 섞여 있다.

이 복합 향은 소비와 아름다움, 전통과 욕망이 교차하는 감정의 후각이다. 냄새는 재화를 향한 인간의 감정을 추적하며, 두바이의 시장은 그런 후각적 심리극장이다.

두바이는 중동 최대의 향수 산업 도시다. 프랑스의 명품 브랜드부터 현지 아틀리에, 아랍 왕족의 맞춤 향수까지 모두 모인다. 두바이 몰 내의 니치 퍼퓸 부티크에서는 머스크와 오우드, 장미, 앰버, 샌달우드가 감정별로 조향 되어 소비된다. 이곳은 향기의 소비가 단순한 구매가 아니라, 정서적 표현과 정체성 소비로 기능한다. 향은 삶의 지위이자 문화적 자기 표상이 된다.

도심 외곽으로 나가면 두바이는 여전히 광활한 사막이다. 해 질 무렵의 모래, 야자수의 잎사귀, 별빛 아래의 습도는 두바이의 후각적 원형을 상징한다. 도시가 잊지 못하는 향기, 그 고요한 모래 냄새는 두바이의 감정을 심화시키며, 고급 향수에서도 여전히 사막의 노트는 재현된다.

이슬람 문화에서 향기는 곧 정결함과 경배의 상징이다. 무슬림은 기도 전 몸을 씻고 향수를 뿌리는 것이 예절이다. 이는 단지 몸의 정결이 아니라, 영혼의 준비를 향기로 표현하는 행위다.

두바이의 모스크에서는 장미수, 우드, 머스크가 어우러진 냄새가 피어난다. 향기는 곧 신에 대한 예우이며, 향기를 통해 영혼은 고요해진다.

부르즈 칼리파(Burj Khalifa)와 같은 초고층 건물에서도 향기가 연출된다. 냉방 시스템을 통한 디퓨저, 고급 호텔의 로비 향기 브랜딩, 쇼핑몰 내 조향 공간은 도시 전체를 향기의 캔버스로 바꾸고 있다.

 향기란 문화의 심장이다. 두바이의 향기는 인간 감정의 입체적 상징이다. 이 도시는 신화와 상업, 전통과 첨단, 기도와 쾌락이 향기가 통하는 세계이다.

 두바이는 오늘도 모래 위에 머스크의 꿈을 짓는다. 그리고 향기를 통해 인간 존재의 감각을 설계하며, 미래의 도시가 어떤 냄새로 기억될지를 실험하고 있다.

35. 예루살렘
몰약과 기도의 향기

예루살렘은 세계에서 가장 후각적으로 복합적인 도시 중 하나이다. 유대교, 기독교, 이슬람교가 공존하며, 매 순간 기도와 향료, 땀과 흙, 유향과 몰약의 냄새가 교차하는 도시다. 이곳은 '후각적 거룩함'이 구현되는 드문 장소이며, 향기는 그 자체로 신성과 인간성, 전통과 갈등, 기억과 기도의 흔적을 드러낸다.

예루살렘을 대표하는 향기는 몰약(Myrrh)과 유향(Frankincense)이다. 이는 고대 이집트와 메소포타미아 문명부터 사용되었지만, 예루살렘에서 특히 종교적 의미를 띠게 된다. 성경 속 동방박사가 예수 탄생 시 바친 세 가지 선물 중 하나가 바로 몰약이었다.

몰약은 상처를 씻고, 죽음을 애도하며, 성결을 상징하는 향료였다. 유향은 신께 드리는 기도의 향기이며, 성전에서 피워지는 향은 인간과 신을 연결하는 후각적 다리였다.

예루살렘 구시가지의 성묘교회는 예수의 십자가 처형, 장례, 부활이 이뤄졌다고 믿어지는 장소다. 수많은 순례객들의 체취, 양초의 연기, 장미수의 기도, 축성된 향유, 시간의 향기가 혼재되어 있다.

유대교의 가장 성스러운 장소 중 하나인 통곡의 벽에는 수천 명의 손길이 닿아 있고, 천년의 바람과 입김이 스며 있다. 향수나 화장품을 사용하지 않는 유대인들의 정결 문화는 이 공간을 더욱 신체적이면서도 원형적인 후각 공간으로 만든다.

성경에는 수많은 향유 붓기의 장면이 등장한다. 마리아가 예수의 발에 향유를 붓고 머리카락으로 닦았던 장면은 정서적 향기 표현의 절정이다. 이 행위는 향기를 통해 고통을 위로하고, 죽음을 준비하며, 인간의 감정을 영적으로 환원하는 의식이었다.

예루살렘에서의 향기는 곧 애도와 축복, 속죄와 헌신의 향기다. 감정은 후각을 통해 전이되며, 향유는 말로 표현하지 못한 감정의 언어였다.

이슬람의 제3 성지로 여겨지는 알 아크사 사원은 무슬림의 기도와 금요일 예배가 집중되는 장소다. 이곳에서는 장미수, 나드오일, 자타르의 냄새가 피어난다.

향기는 예배자의 몸과 공간을 정결케 하며, 경건한 마음의 후각적 표상이다. 기도 전의 세정과 향수 사용은 후각을 통해 정신을 맑게 하고, 신과의 대화를 준비하는 감정의 문을 연다.

예루살렘의 언덕은 지리적 지대가 아니라, 감정의 높낮이를 표현하는 향기의 지형학이다. 골고다 언덕에서는 피와 먼지, 무게와 침묵의 냄새가 맴돈다. 이는 신화가 아니라, 향기로 새겨진 인간의 통증이다.

예루살렘은 분쟁의 도시이기도 하다. 종교와 민족, 정치와 경계의 충돌은 냄새로도 인식된다. 군인의 땀, 체류가스, 분노와 불신의 냄새가 피어오르는 순간, 향기의 신성함은 도전받는다.

그러나 그 안에서도 기도는 멈추지 않고, 향유는 다시 피워진다. 후각은 단절된 감정의 회복을 가능하게 하는 인간 회복의 실마리가 된다. 예루살렘은 향기를 통해 감정을 저장하고 표현하며, 믿음을 체화하는 도시다. 기도는 향기와 함께 올라가며, 감정은 몰약과 유향 속에서 정화된다.

36. 마라케시
향신료와 색채로 피어난
후각의 미로

 모로코의 붉은 심장이라 불리는 이곳은 '사막의 꽃'처럼 피어나는 감각의 향연지이자, 가장 복합적이고 현란한 후각의 도시다. 이곳은 향기를 통해 문화와 종교, 역사와 일상의 경계를 넘어선다.
 메디나(구시가지)는 마라케시 향기의 원천이다. 좁고 복잡한 골목길을 따라 가면 시큼한 가죽 냄새, 진한 향신료 향, 동물과 인간의 체취, 꽃과 땀, 향수와 먼지가 혼재된 공기가 감각을 휘감는다. 이곳에서 향기는 공간을 구획하고, 시간을 거스르고, 감정을 각인시킨다.

수크(Souk, 시장)는 향기의 수도라 해도 과언이 아니다. 커민, 샤프란, 카다멈, 시나몬, 정향, 말린 장미, 박하, 시트러스껍질 등 수백 가지의 향신료가 열대의 열기와 함께 휘발된다. 이 향기들은 물건이 아니라 감정의 조각들이며, 구매는 후각적 기억을 선택하는 행위다.

모로코 전통 목욕탕, 하맘(Hammam)에서는 검은비누(Beldi Soap), 아르간 오일, 유칼립투스, 로즈워터의 향기가 천천히 증발한다. 이는 정화와 회복, 속죄와 재생의 후각 의식이다. 하맘은 '몸과 영혼을 정갈하게 하는 향기 의례'의 장소다.

마조렐 정원(Jardin Majorelle)에서는 이국적인 식물들과 이브 생 로랑의 예술 정신이 색과 향기로 응축된다. 자스민, 블루 시더, 부겐빌레아, 카르다몸, 레몬꽃, 흙의 냄새가 어우러진 이 정원은 감성적 향기의 실험실이며, '색채의 향기'가 피어나는 예술적 공간이다.

　바히아 궁전(Bahia Palace)과 사디 왕조 무덤(Saadian Tombs)에선 황금과 나무, 향나무, 향초, 꽃잎이 조화를 이루며 '왕실의 냄새'를 풍긴다. 이 향기는 권력과 신비, 이슬람의 관능적 정적이 머무는 공간의 공기를 구성한다. 향기는 이곳에서 '존엄의 후각적 상징'이 된다.

　마라케시의 거리 음식 또한 후각을 자극한다. 하리라 수프, 쿠스쿠스, 탄지아 고기, 오렌지와 올리브, 민트티에서 퍼지는 냄새는 감각적 생명력의 표본이다. 모닥불과 연기, 튀김기름과 고기의 냄새는 삶의 생생한 냄새이며, '지속되는 생존의 후각적 증언'이다.

　마라케시의 이슬람적 향기 문화는 향유와 몰약, 머스크, 장미수, 오우드(Oud) 등으로 구성된다. 머스크에서 뿌려지는 향은 신성한 침묵을 열며, 사람들의 몸에 배는 향은 일상의 예배를 구성한다. 이슬람에서 향은 '신과의 거리'를 좁히는 후각적 매개체다.

　붉은 벽돌, 금색 햇빛, 바람과 모래, 박하와 장미의 잔향이 혼재하는 이 도시는, 감정과 종교, 사랑과 정열, 예술의 향기로 가득하다.

37. 헬싱키
침엽수와
바람의 향기

    헬싱키는 북유럽의 절제된 감정과 투명한 공기가 공존하는 도시이다. 이곳은 자작나무와 소나무, 얼음이 섞여 만들어내는 감정의 후각 조율자다. 핀란드 특유의 고요함과 실용주의 향기로 표현될 때, 더욱 서정적으로 다가온다.

    핀란드의 국토 대부분은 침엽수림이다. 헬싱키를 감싸고 있는 이 숲은 일상의 일부이자, 후각 정서의 바탕이다. 자작나무 껍질 냄새, 소나무 향기는 이 도시 사람들의 감정을 형성한다. 아이들이 처음 숲에서 맡는 향기는 심리적 안정의 언어다.

　헬싱키는 발트해에 면한 항구 도시다. 바닷바람은 계절마다 다른 향기를 가지고 찾아온다. 겨울에는 얼음 결정이 비릿한 메탈 향을, 여름에는 해조류와 조개껍데기 냄새를 머금는다.
　핀란드에서 향기의 정점은 사우나다. 자작나무 가지로 몸을 때리는 의식인 '비흐타(vihta)'는 소나무의 기운과 땀이 어우러진 후각적 정화 의례이다. 뜨거운 돌 위에 물을 부으면 올라오는 수증기, 나무 벤치의 향은 감정을 씻어내는 후각의 체험이 된다.
　헬싱키 사람들에게 향기는 '감정의 세척제'이자, 심리적 속죄의 통로다. 헬싱키의 겨울은 후각을 마비시키는 계절이지만, 그 안에도 향기는 존재한다. 눈 위를 걷는 신발의 마찰음, 입김 속 습기의 냄새, 추위 속에서 움츠러든 인간의 체온 냄새가 감정의 밀도를 바꾼다. 향기 없는 공간처럼 느껴지는 그곳에서도, 냄새는 감정의 잔향처럼 머문다. 핀란드 사람들은 침묵 속 향기를 더 잘 기억한다.

핀란드는 세계에서 1인당 커피 소비량이 가장 높은 나라다. 헬싱키의 카페에서는 진한 커피 향, 바닐라와 계피가 섞인 달콤한 냄새가 풍긴다. 겨울밤, 노란 전구 아래서 흘러나오는 향기는 도시의 감정을 포근하게 감싼다.

이 도시는 차가운 공기와 따뜻한 향기의 공존을 통해 독특한 정서를 만들어낸다.

헬싱키는 후각적으로 '극지방의 정서'를 지닌 도시다. 도시의 냄새는 짙지 않지만, 맑고 선명하다.

헬싱키는 냄새를 통해 말한다. 침엽수와 커피, 바람과 얼음, 고요와 속삭임이 어우러지는 이 도시는 향기의 북극성이며, 우리에게 정서적 항해의 방향을 알려주는 감정 나침반이다.

38 서울
사계절과 역사,
감정을 품은 향기의 수도

　서울은 향기로 역사를 기억하고, 계절로 감정을 호흡하는 도시다. 이곳은 조선왕조 500년의 기운과 산업화 50년의 열기를 동시에 품고 있으며, 전통과 현대, 정적과 동적, 한옥과 네온이 충돌하고 공존하는 후각의 거대한 실험실이다.

　서울은 뚜렷한 사계절을 지닌 도시다. 봄의 벚꽃과 개나리, 여름의 장마와 흙냄새, 가을의 은행잎과 감나무, 겨울의 차가운 향기는 모두 서울 사람의 감정을 각기 다르게 호출한다.

특히 봄철 한강 둔치에서 피어나는 벚꽃의 향기는 설렘과 동시에 가벼운 슬픔을 담고 있고, 가을의 바람 속 은행잎 냄새는 회한과 성숙의 기운을 풍긴다. 서울의 감정은 계절을 타고 향기로 번역된다. 서울의 시장과 골목은 김치, 된장국, 떡볶이, 갈비찜, 호떡, 순대, 어묵, 부침개의 냄새로 살아 있다. 이 후각적 자극은 한국인의 기억에 각인된 감정의 언어다.

그중에서도 '집밥'의 냄새는 향수의 정점이다. 어머니의 정성이 가득한 방금 지은 밥의 따뜻한 향기는 외국 생활을 하던 이들이 서울에 돌아왔을 때 가장 먼저 눈물이 맺히게 하는 감정의 방향제이다. 북촌 한옥마을이나 종로 일대의 오래된 절과 고택에 가면, 나무 창틀과 백 년 된 기왓장, 향불과 한지에서 배어 나오는 냄새가 있다. 그것은 단지 과거의 흔적이 아니라, 정서적 깊이의 후각 표현이다.

서울은 '불교의 향', '유교의 기품', '도교의 철학'이 공존하는 도시다. 종묘, 창덕궁, 조계사 근처를 걷다 보면 무언가 말로 설명할 수 없는 감정 속으로 스며든다.

1970~80년대 산업화 시기, 서울은 석탄 냄새, 매연, 시멘트 향이 도시 공기를 점령했다. 그러나 2000년대 이후 서울은 공원을 조성하고, 버스 배출가스를 줄이며, 향기 나는 도시로의 회복을 꾀했다. 서울숲, 북서울 꿈의 숲, 하늘공원 등은 시민들의 감정 회복과 후각 치유를 위한 장소가 되었다.

서울은 K-뷰티의 중심지로, 세계적인 향수·화장품 브랜드가 몰려 있다. 명동, 가로수길, 성수동 일대에서는 로즈, 시트러스, 머스크 계열의 향이 사람들의 감정을 자극하며 구매를 유도한다.

최근에는 감정 기반 향수 제작, 개인 맞춤형 향수, 향기 테라피까지 감정과 향기를 연결하는 서울형 산업이 급부상하고 있다.

서울의 후각은 공간마다 다른 정서를 만든다. 인사동의 한지 냄새는 예술과 명상의 분위기를, 홍대의 커피는 청춘의 열정을, 이태원의 향수와 향신료 냄새는 다문화적 상상력을 자극한다.

서울은 속도와 격정, 반복과 피로를 지닌 도시이지만 동시에 회복과 치유, 정서를 품은 향기의 도시이기도 하다. 향기로 이 도시를 기억한다면, 우리는 서울의 얼굴이 아니라 서울의 마음을 보는 것이 된다.(Seoul My Soul)

39. 리마
안데스와 향신료, 잉카 문명의 후각적 유산

리마는 바다와 산, 태양과 안개, 고대와 현재가 공존하는 후각의 경계 도시다. 잉카 문명의 정수와 스페인 식민 유산, 그리고 현대의 혼합된 감정이 향기로 풀어지는 곳이다.

리마는 해안가에 위치해 있지만, 도시의 정서는 안데스산맥의 그림자 아래 있다. 해발 3,000m 이상의 도시들과 연결된 이 후각의 루트는 '희박한 공기'라는 개념을 넘어선다.

고산지대의 향기는 산소 부족의 긴장감과 동시에 심오한 정적을 동반한다. 이는 삶의 무게를 느끼는 감정적 향기로, 리마 사람들에게는 생존과 명상의 공기로 각인되어 있다.

잉카 문명은 후각의 미학을 잘 이해했던 문명이다. 페루 고유의 향신료, 코카 잎, 마카 뿌리, 안데스 향초는 제의와 치유, 일상에 모두 사용되었다. 리마의 재래시장에서는 지금도 그 향신료들이 진한 향을 풍기며, 고대 감정의 문을 연다.

특히 '치차 모라다(Chicha Morada)'라는 옥수수 발효 음료의 특유의 단내는 축제와 공동체의 감정 언어였다. 향신료와 발효의 향은 공동체적 기억을 후각으로 정착시켰다.

성당과 수도원의 향은 거룩함과 동시에 억압된 감정의 흔적이었다. 리마의 골목을 걷다 보면, 잘 정비된 벽돌과 낡은 나무창틀 사이에서 두 시대의 향기가 교차된다.

5부. 문명의 기원과 향기의 철학

리마는 태평양을 마주한 도시로, 해풍과 소금기 어린 바람이 삶의 배경을 이룬다. 특히 리마 해변의 바닷바람은 서늘하면서도 날카로운 냄새로, 감정의 정화제처럼 작용한다.

안데스의 고산과 태평양의 바다는 리마 사람들에게 끊임없는 정체성과 방향성의 질문을 던진다.

리마의 예술은 향기와 감정에 매우 밀착되어 있다. 미라플로레스 지역의 예술 시장이나 거리의 퍼포먼스에서는 향기 나는 꽃잎, 향초, 커피, 전통 음료가 함께 등장한다.

특히 리마의 현대 예술가들은 '향기'를 정체성과 회복의 언어로 적극 사용한다. 이는 냄새가 단지 배경이 아니라, 도시 감정의 주연임을 보여주는 상징이다.

40. 나이로비
대초원의 향기,
야생과 인간이 공존하는 감정의 도시

　나이로비는 대자연의 숨결과 도시적 이성이 맞닿은, 세계에서 가장 독특한 후각적 도시이다. 동물의 냄새, 붉은 흙, 향신료, 꽃이 공존하는 곳이다. 야생이 감정을 흔들고, 향기가 이야기를 시작하는 도시, 나이로비.

　나이로비는 세계 유일의 '도심 속 국립공원'을 가진 도시다. 도시의 경계에선 사자, 기린, 코뿔소가 활동하고 있으며, 그들의 냄새가 바람을 타고 도심으로 흘러든다.

이 냄새는 단순한 자연의 향기가 아니라, 인간 문명 이전의 감각을 불러오는 원형적 후각 기억이다. 대초원의 냄새는 이 도시 사람들에게 겸허함과 생명의 신비를 늘 상기시킨다.

　케냐의 붉은 대지는 나이로비의 도시 냄새에도 깊게 배어 있다. 이 흙은 비가 오면 진흙 냄새를 피우고, 해가 나면 먼지 냄새로 존재를 알린다. 이와 함께 '마타투(Matatu)'라 불리는 대중교통 수단에서 풍기는 땀과 체취, 향신료 음식의 냄새는 도시민의 삶을 감각화하는 감정의 층위다.

　나이로비의 향기는 이중적이다. 거칠지만 정겹고, 무질서하면서도 정직하다. 이 냄새들은 일상의 감정 회로를 형성하며, 그 안에서 공동체는 소통하고 있다.

나이로비는 고산 열대 기후로 꽃 재배가 활발하며, 세계 주요 커피 생산지 중 하나다. 특히 아카시아꽃, 자카란다 나무의 보랏빛 꽃향기는 슬픔을 위로하는 향기적 언어로 통한다.

케냐 커피는 자존과 자립의 향기다. 식민 지배 이후에도 굴하지 않고 자국 브랜드로 세계 시장에 나선 이 커피(케냐 키암부 AA)향은 후각으로 전하는 경제 해방의 서사다.

나이로비는 아프리카의 역설을 상징한다. 고층빌딩이 즐비한 CBD(Central Business District)와 판자촌이 공존하는 이 도시는, 후각적으로도 양극화되어 있다.

비싼 향수와 로컬 향신료, 아스팔트 냄새와 동물 배설물 냄새가 한꺼번에 교차하는 감정의 현장이다. 이 충돌은 사람들의 기억과 감정에 날카로운 인상을 남긴다.

나이로비의 마을 공동체는 여전히 향기 중심의 의례와 일상을 간직하고 있다. 장례식에서 태우는 약초, 결혼식에 뿌리는 향수, 어린이 성장의례에 쓰이는 풀과 향유 등은 감정과 향기의 깊은 연결성을 보여준다.

나이로비의 향기는 우리가 잊고 있었던 감정의 근원을 되찾게 해준다. 향기를 통해 야생은 더 이상 낯설지 않고, 인간은 더 이상 이성을 앞세우지 않는다.

이 도시에서 냄새는 경계의 언어다. 문명과 자연, 인간과 동물, 도시와 대초원 사이의 후각적 연결. 그것이 나이로비라는 도시의 감정 인문학이다.

참고자료

References

1. 파리 (프랑스)

Corbin, A. (1986). The Foul and the Fragrant: Odor and the French Social Imagination. Harvard University Press.

Stamelman, R. (2006). Perfume: Joy, Obsession, Scandal, Sin. Rizzoli.

Burr, C. (2008). The Perfect Scent: A Year Inside the Perfume Industry in Paris and New York. Holt.

프랑스 향수 박물관(Musée du Parfum) 공식 자료 및 Fragonard 브랜드 역사

2. 런던 (영국)

Classen, C., Howes, D., & Synnott, A. (1994). Aroma: The Cultural History of Smell. Routledge.

Jenner, M. S. R. (2011). "Follow Your Nose? Smell, Smelling, and Their Histories." The American Historical Review, 116(2).

Roudnitska, E. (1991). Fragrance and Aesthetics (translated, original French influence on British perfumery).

The British Society of Perfumers, Fragrance Foundation UK 보고서.

3. 베를린 (독일)

Classen, C. (1993). Worlds of Sense: Exploring the Senses in History and Across Cultures. Routledge.

Le Guérer, A. (1994). Scent: The Mysterious and Essential Powers of Smell. Kodansha International.

Morris, R. J. (2017). "Smellscapes of the Berlin Wall: Memory and Division." In Sensory Studies Journal.

German Perfumery Archive (Duftmuseum im Farina-Haus, Cologne - 비록 쾰른 기반이지만 독일 향기문화의 중심 참고 자료).

4. 프라하 (체코)

Le Guérer, A. (1994). Scent: The Mysterious and Essential Powers of Smell. Kodansha International.

Classen, C. (1993). Worlds of Sense. Routledge.

Czech Aromatherapy Association. (2020). Traditional Aromatherapy in Central Europe: Cultural Roots and Evolution.

Holländer, H. (2015). "The Alchemy of Fragrance: Perfumed Practices in Medieval Bohemia." Bohemian Cultural Studies Journal.

5. 바르셀로나 (스페인)

Le Guérer, A. (1994). Scent: The Mysterious and Essential Powers of Smell. Kodansha International.

Classen, C. et al. (1994). Aroma: The Cultural History of Smell. Routledge.

Pérez, C. (2018). "Mediterranean Scent Traditions: A Catalan Perspective." Hispanic Sensory Culture Review.

Museum of Perfume Barcelona (Museu del Perfum de Barcelona).

Esteban Parfums Spain 공식 웹사이트 및 향기 문화 자료.

6. 로마 (이탈리아)

Le Guérer, A. (1994). Scent: The Mysterious and Essential Powers of Smell. Kodansha International.

Classen, C. et al. (1994). Aroma: The Cultural History of Smell. Routledge.

Corbin, A. (1986). The Foul and the Fragrant: Odor and the French Social Imagination. Harvard University Press.

Toni Mazzotta (2021). "Perfumery and Ritual in Ancient Rome." Journal of Classical Studies.

Museo delle Civiltà, Sezione Etnografica (Rome): 로마 고대 향 문화 특별 전시자료.

7. 암스테르담 (네덜란드)

Classen, C. (2005). The Book of Touch. Berg Publishers.

Le Guérer, A. (1994). Scent: The Mysterious and Essential Powers of Smell.

Goot, M. van der (2016). "Scents of the City: Smell and the Dutch Golden Age." Dutch Cultural Histories.

Amsterdam Museum: Geuren van de Stad 전시자료

International Perfume Foundation: Dutch Fragrance Heritage Collection (2020)

8. 비엔나 (오스트리아)

Le Guérer, A. (1994). Scent: The Mysterious and Essential Powers of Smell.

Corbin, A. (1986). The Foul and the Fragrant: Odor and the French Social Imagination.

Vienna Museum Archives: Duft der Monarchie – The Scent of Empire 전시 자료

Classen, C. (1993). Worlds of Sense: Exploring the Senses in History and Across Cultures.

Weibel, P. (2007). Sensorium: Embodied Experience, Technology, and Contemporary Art.

9. 브뤼셀 (벨기에)

Ashenburg, K. (2007). The Dirt on Clean: An Unsanitized History.

Le Guérer, A. (1994). Scent: The Mysterious and Essential Powers of Smell.

De Vos, J. (2018). "Perfume and Politics in Belgium: From Colonial Oils to EU Regulations." European Cultural Journal.

Musée du Parfum – Brussels archives

European Commission: Fragrance and Cosmetic Directives (2020)

10. 부다페스트 (헝가리)

Le Guérer, A. (1994). Scent: The Mysterious and Essential Powers of Smell.

Classen, C. (1993). Worlds of Sense: Exploring the Senses in History and Across Cultures.

Morvay, G. (2017). "Thermal Waters and Urban Scent in Budapest." Hungarian Review of Urban Studies.

Széchenyi Thermal Bath Historical Records (Budapest City Archives)

UNESCO Intangible Cultural Heritage Reports: Hungarian Thermal Bath Culture

11. 이스탄불 (튀르키예)

Le Guérer, A. (1994). Scent: The Mysterious and Essential Powers of Smell.

Dalby, A. (2000). Dangerous Tastes: The Story of Spices.

Classen, C. et al. (1994). Aroma: The Cultural History of Smell.

Şahin, E. (2016). "Smellscapes of Istanbul: Fragrance in Ottoman and Modern Life." Middle Eastern Studies Journal.

Istanbul Spice Bazaar Archives; Topkapi Palace Fragrance Records

12. 리스본 (포르투갈)

Le Guérer, A. (1994). Scent: The Mysterious and Essential Powers of Smell.

Classen, C., Howes, D., & Synnott, A. (1994). Aroma: The Cultural History of Smell.

Pereira, I. (2018). "Scents of Saudade: Olfactory Memory in Portuguese Urban Life." European Cultural Studies Review.

Lisboa Fragrance Archive, Museu do Fado (리스본 파두 박물관)

UNESCO (2011). "Fado, urban popular song of Portugal" - Intangible Cultural Heritage Listing

13. 잘츠부르크 (오스트리아)

Classen, C., Howes, D., & Synnott, A. (1994). Aroma: The Cultural History of Smell

Le Guérer, A. (1994). Scent: The Mysterious and Essential Powers of Smell

Mozart Museum Archives, Salzburg

Hensel, J. (2009). "The Fragrance of Romanticism: Olfaction and Cultural Memory in Austrian Cities"

Visit Salzburg Official Tourism Board. "Scented Trails: Mozart and More."

14. 코펜하겐 (덴마크)

Classen, Constance (2012). The Deepest Sense: A Cultural History of Touch

Rasmussen, M. (2017). "Fragrance and Hygge: Nordic Scents and Identity." Scandinavian Cultural Review

Visit Denmark (2020). Copenhagen: A Green Scented City

Pedersen, T. (2019). "Nordic Aromatics: Botanical Heritage in Danish Design"

Nørrebro Fragrance Museum Archives

15. 스톡홀름 (스웨덴)

Drottningholm Institute (2019). Scandinavian Scents and City Life

Andersson, L. (2015). "The Silent Aromas of the North." Nordic Journal of Urban Anthropology

Swedish National Museum of Scents, Stockholm Archives

Sara, B. (2018). "Lagom and Fragrance: The Swedish Balance Aesthetic"

IFRA Nordic (2021). Fragrance Ingredients Native to Sweden

16. 오슬로 (노르웨이)

Classen, C. (1997). Foundations of Smell Culture in Scandinavia

Lars Jørgensen (2016). "The Scent of Silence: Norwegian

Forests in Sensory History," Nordic Cultural Review

Norwegian Natural Scents Council (2021). Fragrance Botanicals of the Fjords

Johansen, K. (2020). Northern Aromatics: The Olfactory Landscapes of Norway

17. 도쿄 (일본)

Drobnick, J. (2006). The Smell Culture Reader. Routledge.

Akase, Y. (2014). "Fragrance and Etiquette in Japanese Modernity," Japan Cultural Review

Iwasaki, T. (2017). Scent in Japanese Architecture and Daily Life. Tokyo University Press.

Yamamoto, M. (2015). "Kōdō: The Way of Incense in Contemporary Japan," Asian Aesthetics Journal

박수진 (2018). 「일본 향 문화의 미학과 사회적 맥락」, 『향기문화연구』 제12권

18. 교토 (Kyoto, Japan)

Okada, B. (1991). The World of the Japanese Incense Ceremony Kōdō. Heibonsha.

Gatten, A. (1992). "Kōdō: The Japanese Way of Incense," Monumenta Nipponica.

Yamamoto, M. (2015). "Kōdō: The Way of Incense in Contemporary Japan," Asian Aesthetics Journal.

박은경 (2019).「교토 전통 향기문화의 정서적 상징성 연구」,『향기문화연구』제15권.

Takasago International Corporation - 일본 향기 산업 보고서.

19. 방콕 (Bangkok, Thailand)

Gültekin, M. (2018). The Role of Fragrance in Thai Ritual and Daily Life. Journal of Southeast Asian Studies.

Ubonrat Siriyuvasak. (2014). "Spirituality and Sensory Rituals in Thai Buddhist Practice," Asian Culture Studies.

Yasmeen, G. (2006). Bangkok: Place, Practice and Representation.

이은영 (2020). 「태국 전통 향료문화의 상징성과 향기치유 사례」, 『아시아문화연구』 제22권.

Thai Spa Association Reports (2017-2022) - 태국 허브 향기 산업 현황

20. 하노이 (Hanoi, Vietnam)

Taylor, K. (2001). Fragrances of the Ancestors: Vietnamese Ritual Scents. Journal of Vietnamese Studies.

Christina Schwenkel. (2009). The American War in Contemporary Vietnam: Transnational Remembrance and Representation. Indiana University Press.

Hien, T.T. (2018). "Olfactory Culture in Vietnamese Spirituality," Vietnam Cultural Review.

강현희 (2021). 「베트남 향기 문화와 전통 의례에서의 향 사용」, 『동남아연구』 제29권

UNESCO Vietnam Report (2019). Vietnamese Traditional Intangible Heritage: Perfume, Incense, and Spirit.

21. 홍콩 (Hong Kong)

Chu, Yiu-Wai (2013). Lost in Transition: Hong Kong Culture in the Age of China.

Clarke, David (2001). Hong Kong Art: Culture and Decolonization.

박은경 (2015). 「향기와 도시정체성: 홍콩 '향항'이라는 이름의 유래와 문화적 상징」, 『도시문화연구』 제12권.

UNESCO (2019). Intangible Cultural Heritage in Hong Kong: Incense Craft and Ritual Practice.

리상욱 (2010). 「중국 향문화의 흐름과 향항의 전통」, 『중화문화연구』 제45호.

22. 상하이 (Shanghai, China)

Lu, Sheldon H. (2001). China, Transnational Visuality, Global

Postmodernity.

Yeh, Wen-hsin (2007). Shanghai Splendor: Economic Sentiments and the Making of Modern China.

허영식 (2012). 「상하이 향수산업과 향기문화의 도시정체성」, 『중국현대문화연구』 제23권.

Zhang, Yingjin (2010). Cinema, Space, and Polylocality in a Globalizing China: The Role of Shanghai.

중국상공회의소(2018). 「상하이의 향수시장 동향 보고서」.

23. 싱가포르 (Singapore)

Kong, Lily (2000). "Cultural Policy in Singapore: Negotiating Economic and Socio-cultural Agendas." Geoforum, 31(4), 409-424.

Tan, Tai Yong & Yeoh, Brenda S.A. (2003). Singapore: A Developmental City State.

임선영 (2017). 「싱가포르 도시브랜딩과 향기 디자인의 관계 연구」, 『아시아문화연구』.

National Parks Board Singapore (NParks) – [Official Website and Publications on Singapore Botanic Gardens].

Hermès Singapore (2021). "The Garden City Scent: Floral Identity and Brand Adaptation."

24. 제주 (Jeju, South Korea)

김미현 외 (2018). 「제주 향기정원 조성에 관한 연구」, 『대한환경조경학회지』

고경석 (2016). 「제주도의 감귤 문화와 향기 전통」, 『향기문화연구』

제주특별자치도청. 『제주향토자원백서』 (2019)

Jeju Olle Foundation. "Jeju's Olfactory Landscape: Fragrance and Memory in Walking Culture."

Park, Soojung (2020). "Scent and Healing Tourism in Jeju Island." Journal of Tourism Sciences.

25. 뉴욕 (New York, USA)

Classen, Constance, David Howes, and Anthony Synnott. Aroma: The Cultural History of Smell. Routledge, 1994.

Herz, Rachel S. The Scent of Desire: Discovering Our Enigmatic Sense of Smell. Harper Perennial, 2007.

Keller, Andreas, and Leslie B. Vosshall. "Olfaction: From odor molecules to motivation." Current Biology 14.15 (2004).

Wilkins, Julia. "Scent and the City: Urban Odorscapes and the Transformation of New York." Urban Studies Journal, 2021.

26. 시카고 (Chicago, USA)

Henshaw, Victoria. Urban Smellscapes: Understanding and Designing City Smell Environments. Routledge, 2014.

Classen, Constance et al. Aroma: The Cultural History of Smell.

Martin, John. "The Smell of the Stockyards: Industrialization and Sensory Memory in Chicago." American Historical Review, 2019.

Corbin, Alain. The Foul and the Fragrant: Odor and the French Social Imagination. (시카고 맥락에 인용됨)

Zorach, Rebecca, and Elizabeth Mangini. City of Big Shoulders: Art, Industry, and Social Change in Chicago. University of Chicago Press, 2016.

27. 로스앤젤레스 (Los Angeles, USA)

Henshaw, Victoria. Urban Smellscapes: Understanding and Designing City Smell Environments. Routledge, 2014.

Drobnick, Jim. The Smell Culture Reader. Bloomsbury, 2006.

Classen, Constance et al. Aroma: The Cultural History of Smell.

Leffingwell, John. "Fragrance and the City: Los Angeles Smell Mapping." Journal of Urban Sensory Culture, 2020.

Holliday, Ruth. "Smellscapes of Hollywood: Glamour, Identity, and Olfactory Branding." Cultural Studies, 2018.

28. 밴쿠버 (Vancouver, Canada)

Henshaw, Victoria. Urban Smellscapes: Understanding and Designing City Smell Environments. Routledge, 2014.

Porteous, J. Douglas. "Smellscape." Progress in Human Geography, 1985.

Drobnick, Jim. The Smell Culture Reader. Bloomsbury, 2006.

Vancouver Urban Forestry. "Scent and Sense: Tree Planting for Urban Wellbeing." City of Vancouver, 2019.

Canadian Geographic. "The Scent of the Pacific Northwest." Canadian Geographical Journal, 2020.

29. 부에노스아이레스 (Buenos Aires, Argentina)

Drobnick, Jim. The Smell Culture Reader. Bloomsbury, 2006.

Classen, Constance, Howes, David, Synnott, Anthony. Aroma: The Cultural History of Smell. Routledge, 1994.

Revista Aroma Latinoamericana: 부에노스아이레스의 향기문화와

향수산업 동향 소개

Brandes, Stanley. "The Social Life of Smell in Buenos Aires." Anthropology Today, 2007.

Asociación Argentina de Aromaterapia y Bienestar: 지역 아로마테라피 및 향수 문화 연구 자료

30. 멕시코시티 (Mexico City, Mexico)

Classen, Constance. The Deepest Sense: A Cultural History of Touch. University of Illinois Press, 2012.

Drobnick, Jim. The Smell Culture Reader. Bloomsbury, 2006.

Brandes, Stanley. "The Day of the Dead, Halloween, and the Quest for Mexican National Identity." Journal of American Folklore, 1998.

Instituto Nacional de Antropología e Historia (INAH): 멕시코 전통 향기 문화 및 향초 사용 관련 자료

Escobar, Ana María. Frida Kahlo's Perfumed World: Scent, Memory, and Ritual in Mexican Art.

31. 시드니 (Sydney, Australia)

Classen, Constance. The Deepest Sense: A Cultural History of Touch.

Drobnick, Jim. The Smell Culture Reader.

Tranter, Bruce. "The Environment and Australian Identity." Australian Journal of Politics and History, 2005.

Stewart, Hilary. The Eucalyptus: A Natural and Cultural History.

Sydney Living Museums, "Scent and the Colonial Home" 전시 아카이브, 2018.

32. 호놀룰루 (Honolulu, Hawaii)

Drobnick, Jim. The Smell Culture Reader.

Classen, Constance. The Deepest Sense: A Cultural History of Touch.

Ingersoll, Ernst. Hawaiian Mythology.

Kent, Noel J. Hawaii: Islands Under the Influence.

Genders, Roy. Perfume Through the Ages (특히 열대 식물의 향기 관련)

33. 카이로 (Cairo, Egypt)

Classen, Constance. The Book of Perfume

Stoddart, D. R. Egypt and the Smell of the Nile (Journal of Historical Geography)

Manniche, Lise. Sacred Luxuries: Fragrance, Aromatherapy, and Cosmetics in Ancient Egypt

James, T. G. H. Ancient Egypt: The Land and Its Legacy

Drobnick, Jim. Smell Culture Reader

British Museum, "Egyptian Perfume Making and Kyphi"

34. 두바이 (Dubai, UAE)

Al Ghadeer, M. (2013). The Language of Perfume in Arab Culture. Journal of Arabic & Islamic Studies.

Classen, C. (2005). The Aroma of Arabia: Scent and Power in the Islamic World. In The Smell Culture Reader.

Calkin, R. R., & Jellinek, J. S. (1994). Perfumery: Practice and Principles. Wiley.

Manasseh, A. (2020). Oud and the Gulf: Cultural Capital and Modernity in Middle Eastern Fragrance Economies.

Drobnick, J. (2006). Smell Culture Reader.

UAE Ministry of Culture and Youth. (2021). Arabian Heritage and Incense Traditions.

35. 예루살렘 (Jerusalem, Israel)

Classen, C. (2005). The Deepest Sense: A Cultural History of Touch. University of Illinois Press.

Drobnick, J. (2006). Smell Culture Reader. Berg Publishers.

Levitin, L. (2017). The Fragrance of Faith: Religious Scents and Rituals in Jerusalem. Middle Eastern Studies Journal.

Rook, D. W. (1985). The Ritual Dimension of Consumer Behavior. Journal of Consumer Research.

Jewish Virtual Library. (2023). "Ketoret – The Sacred Incense of the Temple".

Bible, Exodus 30:22-38 – "The Holy Anointing Oil and Incense".

36. 마라케시 (Marrakech, Morocco)

Classen, C. (2005). The Deepest Sense: A Cultural History of Touch. University of Illinois Press.

Drobnick, J. (2006). Smell Culture Reader. Berg Publishers.

Le Guérer, A. (1992). Scent: The Mysterious and Essential Powers of Smell. Kodansha.

Anderson, R. (2019). "Spices, Markets and Memory: Scent in Moroccan Urban Culture." Cultural Geographies.

UNESCO. (2010). "Medina of Marrakech" - World Heritage Listing.

Zoubida Charrouf et al. (1999). "Production of Rose Oil in the Valley of M'goun, Morocco." Journal of Essential Oil Research.

37. 헬싱키 (Helsinki, Finland)

Välilä, H. (2012). "Scents of the North: Olfactory Culture in Finland." Nordic Journal of Cultural Studies.

Classen, C., Howes, D., & Synnott, A. (1994). Aroma: The Cultural History of Smell. Routledge.

Drobnick, J. (2006). The Smell Culture Reader. Berg Publishers.

Hakkarainen, M. (2017). "Scent of Silence: Aromatic Identity in Finnish Sauna Culture." Scandinavian Ethnology Review.

Rantanen, T. (2009). Sauna: The Soul of Finnish Culture. Helsinki University Press.

38. 서울 (Seoul, South Korea)

김미숙 외 (2020). 「향기의 사회문화적 의미 분석 – 서울 도시 향기 네트워크를 중심으로」, 『도시문화연구』 제27호.

안상수 (2019). 『서울, 냄새의 역사 – 도시 후각문화 아카이브』. 민속원.

Lee, H. J. (2015). "Scented Memories: Traditional Incense in Korean Ritual and Daily Life", Korean Cultural Studies.

최윤경 외 (2014). 「조선시대 향문화와 현대적 계승」, 『향문화연구』 제5호.

한국향기문화학회 (2021). 『향기와 도시』 제3호.

39. 리마 (Lima, Peru)

Bauer, Brian S. (2004). Ancient Cuzco: Heartland of the Inca. University of Texas Press.

Dean, Carolyn. (2010). A Culture of Stone: Inka Perspectives on Rock. Duke University Press.

퍼루관광청 (2021). 「페루 전통 향료와 의식문화」. [PromPeru]

Gade, D. W. (2006). Nature and Culture in the Andes. University of Wisconsin Press.

Roe, Peter G. (1982). "The Cosmic Zygote: Cosmology in the Amazon Basin", University of Delaware Press.
→ 안데스 문화의 향신료·식물·상징성 연결 설명

40. 나이로비 (Nairobi, Kenya)

Ntarangwi, Mwenda. (2010). East African Hip Hop: Youth Culture and Globalization. University of Illinois Press.

Leakey, Richard E. (1983). The Making of Mankind. Penguin Books.
→ 인류 기원의 대지, 아프리카의 정체성에 대한 통찰

Kenyatta, Jomo. (1938). Facing Mount Kenya. Heinemann.
→ 키쿠유족의 전통 향과 의례 문화

UNESCO (2015). "Traditional Knowledge Systems of the Maasai People".
→ 향료, 약초, 의례용 향에 대한 전승 자료

African Journal of Traditional, Complementary and Alternative Medicines (2020)